부모교육과 정서조절

조 숙

창지사

머리말

부모와 자녀의 만남은 최초의 관계형성이다. 자녀는 자신과 타인의 관계 즉, 부모와 자녀의 관계에서 다양한 정서를 경험하게 되고, 부모를 통해서 정서조절을 배워간다. 부모-자녀의 관계는 하늘이 맺어준 천륜(天倫)이라고도 한다. 그러나 오늘날 우리 사회는 천륜의 만남을 기쁘게 생각하지 않은 슬프고 불행한 사건이 종종 발생한다. 10개월 품어 낳은 자식을 부모가 버리기도 하고 생명을 끊기도 한다. 부모의 학대와 폭력을 이기지 못하고 부모 곁을 떠나는 사건들도 발생한다. 부모가 되는 것은 자신이 원하기도 하고, 상대방이 원하기도 한다. 또한, 남녀 모두 원해서 부모가 되기도 한다. 그런데 어쩔 수 없이 부모가 되는 경우에 자녀는 자칫 부모의 희생양이 되기도 한다.

이 세상에 완벽한 부모는 없다. 하지만 준비된 결혼, 준비된 부모 사이에서 출생한 자녀는 행복하다고 느끼지 않을까? 문제는 준비 없이 부모가 되는 상황에서 자녀를 양육할 경우에는 부정적인 정서상황이 더 많이 발생하며, 부정적인 정서는 자녀에게도 영향을 미친다. 부모의 부정적인 정서 상황에서는 부정적인 정서조절이 나타난다. 건강하고 행복한 가정과 좋은 부모가 되기 위해서는 부모교육이 필요하다. 부모교육은 자녀 발달 단계의 어느 한 순간뿐만 아니라, 부모로서 살아가는 동안 건강한 부모가 되기 위해 노력하며, 실천해 나가야 한다. 누구나 '나는 결혼해서 훌륭한 부모가 될 거야.'라고 다짐할 것이다. 그러나 자녀를 낳고, 부모가 되면, 때로는 부모로서 대처하기 어려운 상황들이 일상생활에 빈번히 발생한다.

상담의 현장에서는 다양한 부모들을 만난다. 어떤 부모는 상담자가 있음에도 불구하고, 자녀와의 정서충돌로 인하여 자신의 분노 감정을 조절하지 못하고 자녀를 향해 부정적인 언어와 행동 그리고 감정을 표출한다. 자녀도 질세라 부모를 향해서 소리를 지른다. 부모가 자녀 앞에서 화를 내거나 분노를 표출하는 것은 '나 살아 있다.'라는 건강한 방어기제일 수도 있다. 하지만, 어떤 부모는 자녀가 상처받을까 염려하여, 어떤 정서의 언어나 행동도 표현하지 못하고 '속앓이'를 하면서 신체와 정신적으로 허약해져 질병 등이 나타나는 경우도 있다. '나는 건강한 부모, 행복한 부모야.'라고 생각하는 부모는 세상에 과연 몇 명이나 될까?

상담연구소에 방문하는 많은 부모가 '자녀를 어떻게 하면, 훌륭하게 양육할까?'를 고민한다. 어떤 부모는 자녀를 양육하는 과정에서, 자녀의 잘못된 일을 혼내고 보니, 나도 모르게 자기 부모의 양육방식을 따라서 하고 있었다는 것이다. 부모는 자식 때문에 울고, 자녀는 부모 때문에 날마다 눈물을 흘리는 상황들도 많다. 부모와 자녀 모두 눈물을 흘리지 않고, 행복한 부모-자녀 관계형성이 되면 얼마나 좋을까? 상담의 현장에서 부모와 자녀들을 상담하고, 대학에서 강의를 하면서 부모-자녀의 문제는 상담뿐만 아니라, 교육이 병행되어야 된다는 것을 강조한다. 부모교육은 대부분 집단으로 진행되기 때문에 부모 개인마다 자녀 양육의 어려움을 상담자가 인지하지 못할 수도 있다. 하지만, 상담은 일대일의 관계를 통해서 부모-자녀의 개인적인 정서들을 인지하고 느낌으로써 그들을 공감하고 치료의 현장으로 안내할 수 있다. 특히 부모교육은 자녀의 발달 단계에 따른 서로 다른 정서의 상황들이 발생하기 때문에 부모마다, 어떤 부정적인 상황들을 조절하는 데 어려움이 있다.

정서조절은 부모가 자녀보다 먼저 습득함으로써, 연습하고 노력해야 한다. 자녀와의 관계에서 긍정적으로 실천하는 것이 부모와 자녀의 긍정적인 관계형성에 도움이 된다. 부모-자녀의 긍정적인 정서조절 연습은 자녀의 학교생활과 대인관계 그리고 의사소통과 다양한 일상생활 등에도 도움을 줄 수 있다. 하지만 부모의 부정적인 정서조절은 자녀로 하여금, 왕따, 학교폭력 등 다양한 학교문제와 사회문제에 영향을 줄 수 있다. 따라서 부모교육에서는 정서조절과 관련된 교육과 상담프로그램 진행이 필요하다.

필자는 종종 세상에서 가장 큰 복을 가지고 태어난 사람은 누구일까? 생각한다. 정신적으로 건강한 부모를 만난 것이 아닐까? 때로는 부모를 건축가로 표현하고 싶다. 부모는 자녀의 집이 이 땅에서 튼튼하게 세워질 수 있도록 기초공사를 잘해야 한다. 부모교육은 인생의 집의 건축자로서 리모델링의 한 분야일 수도 있다. 건강하지 못한 부모를 만남으로써 평생 부모를 원망하며 사는 자녀와 부모들도 있다. 하지만, 부모가 되었으면, 부모는 부모로부터 받은 상처와 아픔을 긍정적으로 전환시키는 연습과 노력의 정서조절이 필요하다. 부모는 날마다 '부모는 누구인가? 그리고 나는 누구인가?'를 생각해보아야 한다. 부모교육은 건강하고 성숙한 부모가 되는 공감과 소통의 장이며, 성장의 장이다.

Gross는 정서조절은 사람마다 어떤 상황에서 언제, 어떻게 느끼기도 하며, 정서를 표현하는 것이라고 하였다. 부모는 성장과정에서 원가족의 양육자인 부모로부터 느끼는 정서들이 그대로 몸에 배어 결혼하고 부모가 되어서 자녀에게 표현하게 되는 것이다. 만약 부모가 양육자로부터, 부정적인 정서를 가지고 있는 경험이 더 많았을 때, 어떤 상황으로 정서를 조절할까? 긍정적인 정서조절을 하기노 하지만, 대부분 부정적인 정서조절을 한다. 부정적인 정서조절을 하는 부모의 내면에는 주로 부정적인 정서들로 인지되어, 양육한 부모를 용서하지 못하는 내면에 아픔과 상처들이 숨겨져 있기도 하다.

용서이론을 주장한 Enright는 용서과정을 통해서 부정적인 정서를 완화시킬 수 있다고 보았다. Gross의 정서조절 과정이나, Enright의 용서과정 모두 인지적, 정서적, 행동적 접근이론들이다. 부모들이 어떤 상황에서 무엇을 선택하든 자녀들은 대부분, 부모의 결정에 따른다. 하지만, 부정적인 정서조절은 자칫 부모나 자녀에게 부정적인 정서표현이나, 행동들이 나타날 수 있다. 그러므로 부모교육에시 징서조절의 교육과 상담을 통해서, 자녀들에게 긍정적이고 능동적인 정서표현을 할 수 있도록 정서조절 연습이 있어야 한다. 따라서 부모교육에서도 정서조절과 관련된 용서 연습과 노력도 중요하다.

이 책은 정서조절로 부모교육에 접근하였다. Gross의 정서조절 과정인 상황선택, 상황수정, 주의배치, 인지변화, 반응조절과 Enright의 이론인 분노발견하기, 결심하기, 용서실행하기, 심화단계 용서이론을 접목하였다. Gross의 이론과 Enright의 이론 모두 인지에 초점을 두는 긍정적이고 능동적인 정서조절이다. 부모는 자신의 정서조절을 재인식과 평가를 통해서 건강하고 성숙한 부모 됨이 필요하다. 따라서 이론과 실제를 접목하여 사용할 수 있도록 프로그램을 구성하였다.

부모로서 자녀를 어떻게 양육할까 고민하는 이 땅에 모든 부모와 부모교육을 위해서 임상의 현장과 학교에서 고군분투하는 교사와 상담자들에게 도움을 주고자 집필하였다. 아울러, 부모가 되기 위한 예비부모와 부모교육을 배우는 학생들, 그리고 다양한 독자들에게도 도움이 되기를 바란다. 밝혀두지만, 이 책은 좀 더 행복하고 건강한 부모가 되기를 소원하는 모든 부모에게 도움이 되기를 바란다.

본 책은 필자가 임상의 현장과 부모교육에서 상담하고 강의했던 상담사례와 이론들을 부모-자녀의 정서조절을 중심으로 수록하였다. 결혼한 지 수십 년이 되어 부모가 되고, 부모들을 상담하고, 교육하는 입장이지만, 이론적으로 집필하는 것은 그리 쉬운 일이 아닌 것 같다. 부족한 부분들이 많다. 부모교육을 하는 상담자마다, 부모교육의 초점과 방법은 모두 다르다. 일상생활에서 다양한 정서를 어떻게 조절할지 고민하는 부모들을 대상으로 프로그램을 진행한다면 도움이 되리라 사료된다. 부모교육의 이론과 실제의 책으로서 미흡한 점들은 앞으로도 상담과 교육의 임상경험을 통해서 지속적으로 고민하고 연구할 것이다.

제1장은 부모교육의 이해, 제2장은 정서조절의 이해, 제3장은 발달대상에 따른 정서조절, 제4장은 용서이론, 제5장은 정서조절의 상담개입 마지막, 제6장은 부모교육 정서조절 프로그램의 실제를 수록하였다.

이 책이 출판되도록 협조해주신, 창지사 출판사 김기섭 사장님과 나기영 부사장님, 이윤미 편집부장님 그리고 직원들에게 고마움을 전한다.

부모의 책무성을 다하기 위해 상담을 의뢰하고 노력하고 연습했던, 부모들에게도 감사드린다. 또한, 부모가 되어 함께 자녀를 양육하는 과정에서 아버지의 책무를 위해서 노력하는 훌륭한 남편과 사랑하는 아들 기영이와 딸 지현이에게 감사의 마음을 전하고 싶다. 마지막으로 이 책을 사용하는 독자들이 부모교육 정서조절 프로그램을 만남으로, 일상생활에서 매일매일 긍정적이고 능동적으로 정서조절을 연습과 노력을 통하여 행복하고 건강한 부모님들이 되시기를 소망한다.

2016년 9월
상담연구소에서
조 숙

목 차

제6장 부모교육과 정서조절 프로그램의 실제 • 137

CHAPTER 01

부모교육의 이해

부모가 된다는 것은 축복인 동시에 책무성이 따른다. 부모교육에 있어서 부모-자녀의 관계에 대한 다양한 형태의 연구가 필요하며, 전통사회에서 오늘날에 이르기까지 다양한 부모교육이 이루어져 왔다. 오늘날과 같은 변화무쌍한 시대에는 더욱 부모교육이 중요함을 인식해야 한다.

이 장에서는 부모 됨과 부모교육의 필요성을 살펴보고자 한다.

1 부모 됨

마땅히 행할 길을 아이에게 가르치라. 그리하면 늙어도 그것을 떠나지 아니하리라.

– 잠언 –

1) 부모 됨의 동기

부모(parent, 父母)가 된다는 것은 무엇인가, 부모는 누구나 될 수 있을까? 과거에는 부모(parent)가 되기 위해서는 출산하지 않고는 될 수 없었다. 하지만, 요즈음은 다양한 방법으로 부모가 되는 경우들도 있다. 부모(parent)는 라틴어로 'părens'에서 온 것으로 '출산하다(give birth)'라는 의미를 갖고 있다. 즉, 부모는 출산을 해야만이 부모가 되는 것이다. 부모는 자녀의 그 어떤 발달시기의 한 순간만이 아니라, 전 생애에 걸쳐서 양육과 보호 그리고 교육 등을 통하여 발달을 증진시키는 사람이다(Hamner & Turner, 2001, 정현숙 외 2002, 재인용).

즉, 부모의 역할은 자녀의 어느 한 발달 단계에서 멈추는 것이 아니다. 매일매일 일상생활에서 자녀가 건강하게 성장할 수 있도록 보호하고 양육하며, 때로는 부모의 입장에서 올바른 교육을 전달하고, 때로는 자녀의 입장을 공감하고 소통하며, 전 생애에 걸쳐서 이루어지는 것이다.

전통적인 세대에서는 성인이 되면 당연히 결혼하고, 자신의 자녀를 낳아 부모가 되는 것이 의무였다. 하지만, 오늘날은 부모가 되는 동기가 다양하다.

(1) 진화론적 부모 됨 동기

진화론에서 자녀를 출산하는 것은 부모의 유전자를 보존하기 위한 방법이라고 한다. 즉, 자연도태설(natural selection, 自然淘汰說)의 개념이다. 사전적으로 자연도태설이란 생물의 종은 자연 선택의 결과, 환경에 적합한 방향으로 진화한다고 하는 학설이다. 즉, 진화론적 관점에서는 부모의 유전자를 후대에 남기는 것이라고 볼 수 있다. 부모는 자신이 성취하지 못한 것을 자녀가 대신 이루는 대리만족을 원하는 것으로, 자녀가 어떠한 것을 이루기까지 부모가 도와주며 적응시킨다. 자녀가 부모의 유전자를 후대에 전달할 수 있는 토대가 되는 것이다(정옥분 · 정순화, 2012). 즉, 진화론에서는 부모 됨의 동기를 자녀를 통해서만이 부모의 유전자가 전해짐을 알 수 있다.

(2) 발달론적 부모 됨 동기

대부분 사람들은 성인이 되면, 자녀를 출산한 뒤 애정을 주고 싶은 욕구를 지니게 된다. 이러한 발달적 욕구를 발전시켜 나가는 것이 부모가 되는 중요한 부모 됨의 동기이다.

Erikson(1968)은 사람이 성인기에 이르므로 다음 세대를 양육하고 이들을 양육함으로써 이타심이나 책임감, 민감성과 같은 특성을 발전시켜 나간다고 하였으며, 이를 생산성(generativity)의 개념으로 설명하고 있다. Erikson의 심리사회적 발달의 이론에 비추어 보면 5단계에서 자아정체감을 통해 자신을 사랑할 수 있는 기틀을 형성한 한 개인이 6단계에서 친밀감을 통해 자기 이외의 한 이성을 사랑하게 되어 가족을 형성하고, 이후 자녀출산을 통해 7단계인 생산성이라는 과업을 발전시켜 나간다는 것이다. 생산성의 개념을 발달시켜 나가는 것은 성인기의 중요한 발달과업이며, 이를 발달시켜 나가지 못하면 침체성(stagnation)에 빠지게 된다고 하였다. 이러한 생산성의 개념을 발전시켜 나가는 것을 사회 봉사활동과 같은 다양한 활동을 통해서 이루어질 수도 있으나 부모가 되는 것은 이러한 발달과업을 성취하기 위한 가장 효율적인 방법이다. 자녀출산이 불가능한 경우 입양하는 것도 이러한 발달과업을 수행하기 위한 한 가지 방법이 될 수 있다(정옥분 · 정순화, 2012). 즉, 발달론적 부모 됨 동기는 인간의 발달 단계 중에 성인기에 도달해야만 자녀를 양육하는 시기를 맞이함을 알 수 있다.

(3) 사회문화론적 부모 됨 동기

전통적으로 대부분의 사회는 성인이 되어 자녀를 출산한 사람에게 특정한 지위를 부여하는 반면, 그렇지 못한 사람에게는 불이익을 주는 문화적 관행을 가지고 있다. 우리나라의 경우 칠거지악(七去之惡)이 그 대표적인 예라고 볼 수 있다. 결혼을 한 여성이 자녀를 출산하지 못하는 것을 일곱 가지 죄악의 하나로 간주하여 축출의 사유로 인정하였던 것이다. 특히, 전통사회에서는 남성의 지위가 타고난 지위(ascribed status)라면, 여성의 지위는 획득된 지위(achieved status)의 특성이 강하였다. 결혼 당시 낮은 지위를 점하고 있는 여성이 지위를 성취할 수 있는 대표적인 방법은 자녀, 특히 남아의 출산을 통해서였다. 전통사회에서는 자녀를 출산하여 가문의 대를 이어나가는 것이 당연한 도리로 받아들여졌으므로, 이러한 사회적 압력이 부모 됨의 중요한 동기였다고 볼 수 있다.

현대사회에서도 종교적인 측면에서 생명의 창조는 신의 영역이다. 이를 인간이 간섭하는 것은 죄악이라고 생각하고 피임을 반대하는 것도 이와 유사한 맥락으로 이해할 수 있다(정옥분 · 정순화, 2012). 즉, 사회문화론적 부모 됨의 동기에서는 사회문화적으로 사회구성원이 문화적인 습관을 따라 결혼을 하고, 자녀를 출산함으로써 부모가 되는 것을 알 수 있다.

(4) Rubin의 부모 됨 동기

Rubin(1965)은 부모가 되는 동기를 네 가지로 구분하였다. 숙명적인 동기, 이타적 동기, 자기애적 동기, 도구적 동기이다. 첫째, 숙명적인 동기는 인간에게 주어진 운명에 따라 순종하고 따라야 하는 종교적 신념으로 자녀를 갖는 것이다. 둘째, 이타적 동기는 대가나 보상을 원치 않고 참된 사랑을 베풀 수 있는 것이다. 셋째, 자기애적 동기는 성인이 되는 것은 자녀를 갖는 것이고, 노년에 대비하여 정서적으로 자녀를 통해 안정감을 가진다는 것이다. 넷째, 도구적 동기는 부모가 이루지 못한 꿈을 자녀가 대신하여 성취해준다고 믿거나, 부모를 기쁘게 해드리기 위해서 부모가 된다는 것이다. 즉, Rubin의 부모 됨 동기는 종교적 신념, 사랑을 베푸는 것, 노년에 자녀를 통해 갖는 정서적 안정감, 자녀를 통한 대리만족으로 부모가 이루지 못한 꿈을 자녀가 이루어주는 갈망이 부모 됨의 동기이다.

(5) Hoffman과 Manis의 부모 됨의 동기

Hoffman과 Manis(1979)는 사람들이 자녀를 갖는 이유로 자녀는 부모가 사랑 안에서 살 수 있는 인간관계를 제공해주고, 성장발달을 지켜보면서 부모는 자극을 받을 뿐 아니라 인생의 즐거움을 느끼고, 자녀를 키우면서 자아성장을 이룰 기회를 제공받고, 부모에게 성인이라는 사회적 지위를 제공해준다. 그리고 자녀의 성장 발달을 도우면서 부모는 성취감과 창의성을 갖게 된다. 자녀를 갖는 것은 도덕적으로 가치 있는 일이고, 부모가 나이 들었을 때, 돌볼 사람을 갖는 것으로 경제적 유용성을 제공해준다고 하였다. 즉, Hoffman과 Manis의 부모 됨의 동기는 부모가 자녀를 양육함으로써 성인이 되고, 자녀의 성장발달을 돕기 위한 동기이다.

2) 부모 됨의 특성

부모는 아버지와 어머니가 존재함으로써 아버지의 역할과 어머니의 역할을 감당하게 된다. 요즘에 와서는 독신가정에서도 자녀를 입양하여 부모의 역할을 하는 경우도 있지만, 사전적인 의미는 구분되어 있다.

(1) 어머니의 역할

어머니를 '어머님', '엄마', '모친(母親)'으로 부르며, 사전적 의미로 자손을 출산한 여성을 자녀가 보는 관점에서 부르는 호칭이다. 그리고 자녀를 둔 여인을 일컫기도 한나(위키백과).

사람들은 그들의 부모를 통해서 어떤 양육을 받았으며 그들이 경험한 정서에 따라 어머니의 역할을 다양하게 말한다. 어머니에 대한 단어를 연상했을 때, 안식처, 따뜻한 햇살 같은 분, 포근한 솜사탕, 온돌방, 안방, 고마운 분, 나를 걱정해주는 분, 내가 잘되기를 바라는 분, 억척스러운 분 등이다. 하지만, 어머니와의 관계가 부정적으로 남아 있는 사람들은 차가운 얼음, 무뚝뚝한 사람, 잔소리쟁이, 회초리를 드는 무서운 사람 등의 단어를 떠올린다.

어머니가 된다는 것은 신의 선물이며, 자녀가 성인이 될 때까지 양육해야 할 의무와 책임감이 수반된다. 자녀가 처음 태어나서 만나는 사람은 대부분 어머니이며, 주양육자이기도 하다. 어머니는 자녀가 살아가는 공동사회의 인간관계 및 사회화의 기초를 형성하는 데 중요한 역할을 한다.

어머니는 자녀의 출생과 동시에 신체적, 정서적 그리고 사회적 발달 등 연령에 맞는 관심과 교육을 자녀에게 주어야 한다. 과거의 어머니 역할은 집안을 지키는 안방마님, 남편을 내조하는 현모양처, 남편인 가장만 바라보고 자녀를 양육하는 것이 주역할이였다. 하지만 현대의 어머니는 상황에 따라 아버지와 동등한 입장에서 자녀의 교육과 양육을 책임지는 데까지 그 역할이 확대되었다.

홍서현(2016)은 5~7세 유아 204명과 그 어머니를 대상으로 하는 〈어머니의 양육행동, 양육효능감, 정서조절양식이 유아의 또래유능성에 미치는 영향〉의 결과에서 어머니의 양육행동에 따라서 자녀의 사교성, 친사회성 그리고 또래유능성에 영향을 미치는 것으로 나타났다. 어머니는 자녀가 이 세상에 살아갈 때, 관계형성의 토대를 만들어주는 최초의 만남 역할을 한다. 만약에 어머니와의 관계에서 불안한 관계형성이 되었다면, 자녀는 자신과 타인의 관계형성을 잘할 수 없고, 타인에 대한 신뢰와 믿음이 부족하다. 따라서 어머니는 자녀의 연령에 맞게 눈높이를 맞추고, 상호작용을 통하여 소통이 되어야 한다. 또한, 믿음과 신뢰를 심어주는 역할을 할 때, 자녀는 삶의 여정을 살아가는 동안 건강한 정서적 경험을 할 수 있다. 어머니를 통해서 자녀들도 다음 세대에 자신의 자녀들을 위해 책임감 있게 어머니의 역할을 할 수 있다.

(2) 아버지의 역할

아버지는 '아버지', '아버님', '아이', '부친(父親)', '아빠' 등으로 부르며, 사전적 의미로 여성과 자손을 잉태시킨 남성을 자손의 관점에서 부르는 호칭으로 사용한다(위키백과).

아버지의 역할은 어머니의 역할 못지않게 부모의 정서경험에 따라 다양하게 표현하고 있다. 아버지에 대한 이미지의 연상에서 사람들은 든든한 버팀목, 우리 집의 기둥, 인생의 안내자, 교통순경, 후원자, 엄격하신 분, 힘이 센 사람, 최고의 위인, 늘 푸른 소나무, 아낌없이 주는 나무 등으로 말한다. 하지만 종종 부정적인 정서경험을 한 사람들은 아버지를 저승사자, 악마, 호랑이, 사자, 공룡, 늘 일하시는 분, 중압감이 있는 분, 혼내는 분, 무서운 아버지, 힘들어도 참아내는 분이라고 표현하기도 한다.

가부장적으로 볼 때, 과거에는 자녀들에게 엄한 아버지로서 훈육해서 벌을 주거나, 위계질서를 알려주고 의·식·주 등의 책임을 지는 역할이였다. 하지만, 현대에는 자녀와 관계가 부드럽고, 자녀와 놀아주고, 열린 마음으로 소통하는 아버지를 원하고 있다.

Binger(1979)는 아버지의 역할을 자녀 돌보기, 자녀와 놀이 및 운동하기, 집안일, 식사 예절 가르치기와 공동생활에서 유아와 함께하는 활동, 책 읽어주기, 애정표시 및 훈육하는 것이라고 하였다. Lamb(1981)는 아버지가 경제적 능력을 갖추고 물적 환경을 제공하는 역할, 사회 전통이나 가치 철학을 전달하는 역할, 자녀의 지적·사회적 능력을 개발하는 역할이라고 하였다(이경희, 2016, 재인용). 즉, 아버지의 역할은 자녀의 연령과 환경에 따라서 다양한 접근이 필요함을 알 수 있다.

아버지의 역할은 자녀의 성장과정에서 신체적, 정서적 그리고 사회적 발달에도 많은 영향을 미친다. 정서적 역할에서는 아버지의 목소리 등을 통해서 어머니와는 다르다는 것을 인지하기도 한다. 사회적 역할에서는 자녀의 사회성 학습에 영향을 미친다. 즉 어머니가 주양육자라고 볼 때, 아버지도 이차적인 역할을 한다고 볼 수 있다. 하지만 현대에는 부모의 맞벌이 직장생활과 다양한 활동량에 따라, 때로는 아버지가 주양육자로서 어머니의 역할까지 병행하는 경우도 있다. 그러므로 아버지의 역할은 어머니의 역할과 같이 자녀의 발달 단계의 성장에 맞추어 보호자, 안내자, 촉진자 등의 역할을 함으로써 인내심을 가지고 자녀의 눈높이에 맞는 소통을 연습해야 한다. 그리고 아버지로서의 책무성에 성실하게 노력할 때에 자녀도 다음 세대에 아버지의 역할을 지혜롭게 감당할 수 있다.

2 부모교육의 개념

> 훌륭한 부모의 슬하에 있으면 사랑에 넘치는 체험을 얻을 수 있다.
> 그것은 먼 훗날 노년이 되더라도 없어지지 않는다.
>
> – 베토벤 –

부모교육의 개념은 시대와 학자마다 주장이 다양하다. 그리고 좁은 의미로써의 부모교육, 넓은 의미로써의 부모교육으로 접근하는 방법도 있다.

1) 협의의 부모교육

협의의 부모교육은 여러 사람이 모여 의논하는 것으로, Brim(1965)은 부모교육을 부모가 역할수행을 하는 데 변화를 주기 위해 제공하는 교육적 활동이라고 정의하였다. Cataldo(1987)는 부모교육이란 아동양육의 일이며 아동의 성장발달을 도와주는 방법이라고 하였다.

Harmon과 Brim(1980)은 학교교육과 같이 평범하고 널리 알려진 교육형태를 의미하는 형식적 교육과 일생 동안 개인이 일상적인 경험으로부터 태도, 가치, 기술 및 지식을 습득하며 주변 환경과 대중매체로부터 교육적 영향과 자원을 습득하는 과정을 의미하는 비형식적 교육까지 모두 부모교육에 활용될 수 있다고 보았다. 그리고 이들은 부모교육의 내용도 광범위하게 다루어, 아동의 신체적·정신적 및 정서적 안녕과 아동발달과 관련되어 있는 것들을 모두 포함시킬 수 있다고 보았다. 또한, 이들은 부모교육의 대상에 있어서도 현재 자녀를 둔 부모뿐만 아니라 미래에 부모가 될 예비부모까지도 대상이 될 수 있다고 보았다.

이와는 약간 다르게 Fine(1980)은 부모교육을 부모 역할을 하는 방법에 대한 지침으로 정의하고, 체계적이고 개념에 기초한 조직화된 프로그램으로 보았다. 즉, 여기서 부모교육은 부모 역할에 대해 참여자들에게 정보, 인식 또는 기술을 전달해 주도록 의도된 프로그램을 뜻한다(박성연 외, 2003).

즉, 협의의 부모교육이란 부모와 자녀의 일대일 관계의 교육부터 대중매체 등 다양한 대상에 따른 다양한 도구를 이용해서 부모교육을 진행해야 됨을 알 수 있다.

부모교육 대상도 자녀를 양육하는 부모뿐만이 아니라, 자녀와 관련된 양육을 하는 교사, 전문가 그리고 조부모 등에세노 부모교육을 통해서 자녀들의 양육을 훈련시키는 것이 필요하다. 따라서 부모교육에서는 양육자인 부모 외에 심리치료를 하는 치료사, 상담자의 역할도 중요함을 알 수 있다.

2) 광의의 부모교육

광의의 부모교육은 여러 가지의 의미로 쓰이고 있다. 이에 따라 부모교육과 혼용하여 사용하고 있는 용어들이 다수 있다. 부모참여(parent participation), 부모개입(parent involvement), 부모지지(parent support), 부모 역할하기(parenting) 등이다.

첫째, 부모교육을 대신해 많이 쓰이고 있는 대표적 용어로 부모참여(parent participation)는 아동 교육의 질을 높이고 자녀의 발달을 위해, 부모와 교사가 동반자로서 동등한 입장에서 서로 상호작용하고, 교육현장 혹은 교육프로그램에 참여하거나 교육에 관련된 의사결정에 참여하는 적극적 방법을 의미한다. 더 이상 교육이 교사나 학교 중심만이 아니라, 가정과 지역사회도 자녀교육에 관심을 가지고 이에 참여할 필요성이 대두함에 따라, 부모들이 교육현장에 참여하게 되었다(유안진 · 김연진, 1997). 부모참여에 활용되는 실제적인 운영방법에는 비형식적 방법과 형식적 방법이 있다. 비형식적 방법으로는 부모와 교사의 등 · 하원 시에 이루어지는 간단한 면담과 전화 면담 및 메모지 교환 등이 있다. 형식적 방법으로는 사전 계획에 의해서 이루어지는 수업참관, 부모회 혹은 강연회와 같은 집단 모임, 부모면담 등을 들 수 있다.

둘째, 부모개입(parent involvement)이란 용어는 부모가 아동교육기관과 긴밀한 유대를 통하여 부모 자신이 아동의 학습현장에 직접 개입하는 것을 의미한다. 부모의 개입은 아동교육기관에서 중요한 자원으로 활용되며 다양한 방법으로 보조하는 역할을 하게 된다. 유아교육기관에서 부모개입의 유형은 프로그램 정책 수립자로서 개입, 교사로서의 개입, 지원자로서의 개입 등으로 분류된다.

셋째, 부모지지(parent support)를 들 수 있다. 부모지지란, 친지로부터 받는 도움을 비롯하여 지역사회 내의 각종 학부모회, 교육기관, 사회복지기관, 아동복지시설, 종교기관, 지방자치단체, 병원, 기업체 등의 지원 혹은 지지를 의미한다.

넷째, 부모 역할하기(parenting)는 부모 역할을 하는 상태나 과정으로 정의내릴 수 있다. 부모 역할하기는 자녀를 양육하고 보호하며 지도하는 과정으로, 부모와 자녀 간의 계속적인 상호작용이자 부모와 자녀를 변화시키는 것이기도 하다. 부모 역할하기는 어머니 역할하기(mothering)와 아버지 역할하기(fathering)

로 세분하여 사용되기도 한다(박성연 외, 2003).

즉, 광의의 부모교육은 자녀를 부모의 입장에서만 양육하는 것이 아니라, 교육기관 및 사회복지기관, 종교기관, 병원 등 다양한 네트워크의 부모, 가정, 사회 나아가 국가까지 지원과 지지를 해야 함을 알 수 있다.

3 부모교육의 목적과 필요성

> 한 명의 훌륭한 어머니는 백 사람의 교사보다 낫다.
>
> – 조지 허버트 –

과거 전통사회에서는 부모교육 없이도 부모가 여러 명의 자녀를 양육하기도 하였다. 하지만, 오늘날은 다양한 가족구조의 변화 등에서 부모가 부모 역할과 자녀양육에 어려움을 호소하고 있다. 부모교육은 학교기관, 종교기관, 상담기관, 방송매체 등을 이용해서 이루어지고 있나. 부모교육의 목적과 필요성을 느끼지 못하고 부모만의 독특한 교육방식을 가지고 자녀를 양육하는 경우도 많다. 부모교육 없이 자녀를 양육할 수 있을까? 누구나 할 수 있다. 하지만 부모가 모든 자녀를 인지, 정서, 사회, 신체적 발달을 골고루 발달시키는 것은 어렵다. 더군다나 가족구조의 변화와 다양화 그리고 가족관계의 변화 등에서 부모교육은 더욱 어렵다. 그러므로 부모교육은 건강한 부모와 자녀를 위해서 반드시 필요하다.

1) 부모교육의 목적

부모교육은 부모와 자녀의 행복을 추구하기 위해서이다. 부모가 스스로 자녀를 양육할 수 있다고 하지만 부모와 자녀의 관계가 건강하게 형성되고 지속되기 위해서는 다양한 부모교육을 참석함으로써 많은 정보를 얻도록 한다. 또한, 자녀를 양육할 수 있는 지혜와 기술을 공유하며 배우기도 하고, 부모들과의 관계 속에서 많은 교육 정보를 얻음과 동시에 부모라는 이름에 맞게 좀 더 성숙한 부모 역할을 할 수가 있다.

부모교육에 대해 Eathart(1980)는 부모 역할 지침서와 정보를 제공하는 모든 종류의 활동과 경험이라고 했다. Cataldo(1987)는 자녀양육의 일환이며 자녀의 성장발달을 도와주는 방법이라고 했다. Harman과 Brim(1980)은 부모를 직접적인 대상으로 하여 자녀의 발달 및 성장을 도모하고 부모의 역할을 효과적으로 수행하는 데 도움을 주는 조직적인 활동이라고 했다.

김경희와 이재연(1991)은 부모교육이란 부모가 자녀에 대한 이해와 지식을 증진시켜 사고와 감정 그리고 행동에 있어서 습관적인 방법을 돌이켜 검토해 보도록 함과 동시에 자녀를 양육하는 새로운 방법을 습득하도록 도와주는 다양한 교육적 경험, 부모로서의 역할기능을 원활히 수행할 수 있도록 부모에게 정보나 지식을 전달하거나 기술을 가르치는 것이라고 보았다.

홍경자(2007)는 부모교육의 궁극적 목적은 우리의 자녀들이 살고 있는 사회 안에서 그들이 생존하고 번영하도록 보호하고 준비시켜 주는 것이며, 부모가 학습자의 입장이 되어 부모의 역할을 부모교육자로부터 교육을 받는다는 소극적 의미로부터 자녀의 교육과 발달을 위해 부모가 교사와 동등한 위치에서 상호 유대관계를 가지고 효율적인 발달을 꾀한다는 것이다. 부모교육의 개념은 포괄적이며 적극적인 개념까지 다양하다(정갑순, 2002).

즉, 부모교육의 목적은 자녀들이 이 사회에서 건강하게 살아갈 수 있도록 부모로서 기초 교육을 어떻게 심어주는 것이 중요한가를 교육하는 것이다. 결국 자녀의 성장 발달에 있어서 부모만큼 좋은 모델은 없다고 본다. 따라서 부모교육은 연령과 대상에 맞춰 이루어져야 한다.

다시 말해서 부모교육은 전문가나 교사뿐만 아니라, 부모 자신도 전문가와 같이 긍정적이고 능동적인 자녀양육을 위해 적극적으로 참여하는 것이 중요하다.

2) 부모교육의 필요성

(1) 가족구조의 변화

우리나라의 전통사회에서 가족은 생산과 소비의 단위이고 생활의 터전이며 교육의 장이었다. 따라서 가정에서 배운 것이 사회생활에 확대되므로 가정의 윤리가 사회의 윤리였고, 가정의 도덕이 사회의 도덕이었다. 이런 점에서 전통사회의 가족에게 무엇보다 강조되었던 것은 부모에 대한 자녀의 순종을 요구하는 장유유서와 남자와 여자의 역할을 구분한 남녀유별의 원리였다. 부모-자녀관계도 개인의 존엄성과 평등에 입각한 상호애정으로 맺어진 관계라기보다 자녀의 절대적인 예속을 강조하는 권위복종의 관계였다. 그리고 전통사회에서 가족의 존재 이유는 자녀를 출산하여 가족을 영원히 지속·번성시키는 것이었다.

이와 같은 가족 이데올로기에 따라 우리나라의 가족은 오늘날까지 열심히 일하는 근면정신과 성실성을 유지하고 자녀에 대한 높은 교육열을 갖게 되었다(최재석, 1982). 그러나 이와 같은 전통사회의 가족은 1960년대 이후 본격적으로 경제개발정책을 시작하면서 급격한 산업화·도시화로 인해 많은 변화를 겪게 된다. 우선 가족구조에서 변화를 초래하여 확대가족 및 직계가족이 감소하고 핵가족이 증가하며 자녀 수도 줄어들고 있다.

가족의 유형에서도 다양화 현상이 나타나고 있다. 맞벌이 가족, 한부모 가족, 재혼 가족 등이 증가하고 있는 추세이다. 가족의 기능적인 면에서도 정서적인 지지를 제공하는 기능이 더 필요해졌다. 또한, 부모 됨에 대한 인식과 부모와 자녀의 관계도 점점 변화하는 추세이다.

즉, 과거 우리나라의 전통사회의 가족에서 오늘날 가족구조는 다양하게 변화되었고 부모교육도 가족구조의 변화에 따라 변해야 한다.

(2) 부모 역할의 어려움

부모 역할(parenting)은 다방면에 걸쳐서 일어나며 매우 복합적이다. 부모는 자녀의 모든 발달 영역에 대해 부모 역할을 수행해야 한다. 그럼에도 불구하고 대부분의 부모는 부모 역할하기에 대한 적절한 지식의 습득과 체계적인 훈련없이 부모가 되며 부모 역할을 수행하고 있다. 따라서 부모는 시행착오를 거치면서 스스로 방법을 발견하거나, 책자나 매스컴을 통해 부모 역할에 대한 지식을 직접 찾아 나서거나, 자신의 부모에게서 보아왔던 부모 역할을 모델로 삼는 등의 과정을 통해 부모 역할을 수행하고 있는 실정이다. 하지만 부모 역할은 일반적으로 기대하고 있는 것과 달리 강한 책임감을 수반하는 어렵고 힘든 것이다(박성연 외, 2003). 즉, 부모의 역할은 자녀의 발달에 따라서 매우 복합적이며 이에 맞는 부모의 책무성을 수행하기는 쉬운 일이 아니다. 부모가 자녀의 발달 단계에 따른 상황에서 다양한 어려움이 있음을 인식해야 한다.

(3) 건강한 부모

건강한 부모는 육체의 건강도 중요하지만, 정신적 건강도 중요하다. 예를 들어 아이 같은 성인이 부모라고 할 때, 과연 부모 역할을 잘할까? 40세의 어머니가 내면의 정신 연령이 4세라면, 자녀양육을 어떻게 할까?

건강한 부모는 부모의 연령에 맞게 정신적, 신체적 그리고 사회적으로 성장해야 한다. 그래야 자녀들의 발달주기에 맞게 어떤 상황에서도 자녀의 정서에 대처할 수 있다. 건강한 부모가 되기 위해서는 부모교육이 필요하다. 만약 준비되지 않았다면 부모로서 책무를 위해 지속적인 연습과 노력이 필요하다.

CHAPTER

02 정서조절의 이해

정서조절은 개인뿐만 아니라 가족구성원인 부모-자녀 관계에서도 일어난다. 그리고 다양한 공동체에서 여러 가지 방법으로 이루어진다. 또한, 어떤 장소나 상황의 다양한 경험을 통해서 나타난다.

이 장에서는 정서조절과 관련된 내용을 살펴보고자 한다.

1 정서조절의 개념

어머니의 포옹보다 더 잘 듣는 약은 없다.

– 에이브러햄 링컨 –

1) 정서

정서(emotion)는 사전적 · 개념적 정의에 의하면, 기분, 감정, 느낌 같은 몇몇 용어와 구분되어 사용되기도 하고 혼용되기도 한다. 이러한 정서(emotion, 情緖)는 심리학적인 용어로 주로 사용되며 주관적 경험, 표출된 행동, 신경화학적 활동이 종합된 극도로 복잡한 여러 가지 현상을 일컫는 말이다.

정서는 라틴어로 '밖으로'란 뜻의 'e'와 '움직인다'는 뜻의 'movere'가 합쳐진 것으로 근본적인 자극기능이 '움직여 나간다'는 뜻에서 유래되었다. 따라서 정서는 '밖으로 움직여 나간다'는 의미를 지니고 있다. 무엇인가를 밖으로 움직이게 하려면 우선 주위에 자극 존재가 있어야 하며, 그렇게 움직이는 반응행위를 가능하게 하는 유기체의 조건이 고려되어야 한다. 따라서 심리학의 다른 개념처럼 정서를 유기체, 환경 가운데 어느 쪽에 초점을 두느냐에 따라 그 정의가 달라지며(정명화 외, 2005), 정서를 이해하는 것도 연구자에 따라 다르다.

고대 그리스 시대부터 철학자들은 정서를 다양한 의미로 다루어 왔는데, 정서는 그것이 가지는 개인적이고 주관적인 특성 때문에 수 세기에 걸쳐 연구자들에게 다루기 힘든 주제였다. 그렇지만 18세기 후반에 이르러서 통제적 · 합리적 · 계산적 사고와 다른 본능적 힘을 가진 것으로 여겨졌다(Barbalet, 1998).

최근에 인지과학, 심리학, 생체학, 의학, 인류학, 동물행동학, 두뇌과학 등의 학자들에 의해 이론이 구축된 정서는 James(1884)의 『Mind』라는 저서에서부터 문제가 제기되었다. 그리고 정서가 체계적으로 연구된 것은 Wundt가 1879년 라이프치히에 심리학 실험실을 창설한 이후부터로 보고 있다. 당시의 사람들은 주인–노예의 관점에서 인지와 정서를 해석하였다. 정서는 이성보다 원시적이고, 덜 지적이며, 위험하므로 이성에 의해 통제될 필요가 있다고 보았다.

그러나 Hume은 "이성은 열정(passion)의 노예이며 또 그렇게 되어야 한다."라고 주장하며, 그 당시 철학에서 주로 정서의 철학적인 측면만 강조하여 정서의 생리학적 · 사회학적 · 행동적 차원을 등한시하거나 부정하는 것에 대하여 다른 입장을 표명하였다. 그렇지만 당시의 정서에 대한 철학적인 견해는 사회학적 · 경험적 토대가 기피된 것으로 볼 수 있다(Solomon, 1993; 오세진, 1999, 재인용).

정서에 대한 개념을 생물학적 차원으로 강조하는 James(1884)는 "자극적인 사건을 지각하자마자 신체변화가 나타나며, 이러한 신체변화에 대한 느낌이 바로 정서다."라고 했다. 이는 신체변화가 선행되고 난 후 이에 대한 느낌을 경험하게 된다는 측면에서 정서의 주관적 · 생물학적 측면을 동시에 강조하고 있으며, 그 가운데 신체변화가 선행된다고 하는 점에서 생물학적 측면을 더욱 강조하였다.

생리적 차원을 강조하는 Cannon(1929)은 "정서는 신체적 기제, 특히 내장과 내분비계의 변화를 수반하는 유전적으로 정형화된 반응이다."라고 주장하였다. 즉, 정서유발에서 뇌가 하는 역할에 대해 많은 관심을 가진다.

인지적 차원을 강조하는 Lazarus(1991)는 "정서는 전반적 평가, 행동경향성, 심리적 반응양상이나 주관적인 경험 등의 모두를 포함하며, 이들 모두는 평가 이후에 연쇄적으로 일어나는 대처과정으로 간주할 수 있다."라고 정의하며, 평가라는 인지적 과정을 정서에서 가장 강조하고 있다.

기능적 측면을 강조하는 Plutchik(1980)은 정서는 "인간이 환경에 잘 순응할 수 있도록 행동을 준비시키는 내적 동기인이다."라고 정의한다. Plutchik의 정의는 정서가 모든 동물의 기본적인 생존기제로서 작용하고 있음을 반영해주고 있다.

사회적 측면을 강조하는 Frijda(1986)는 "정서는 환경과 관계를 설정, 유지, 해체하려는 경향성이다."라고 정의한다. 이는 정서의 주변 환경이나 사람들과의 상호작용을 더욱 강조한다(Joseph LeDoux, 1998; 최준식, 2006).

즉, 정서의 개념은 학자들마다 관심분야에 따라 정의가 다르기 때문에 다양한 용어로 사용되고 있다. 따라서 정서(emotion)란, 개인이 인지적·생리적 그리고 사회적 등으로 어떠한 상황에서 외적 자극이나 내적 자극을 받을 때, 의식적 또는 무의식적으로 다양한 희로애락을 느끼는 감정이 육체적으로 표출되거나, 심리적 변화를 통해서 나타나는 것이다.

2) 정서의 특성

정서의 특성은 다른 심리적 요인과 구분되는 여러 가지 특성을 가지고 있다. 그 가운데 대표적인 것은 다음과 같다(Ekman, 1994).

첫째, 정서반응에는 자극에 대한 자동적 평가기제(automatic appraisal mechanism)가 작동한다. 모든 경우에서 평가가 자동적으로 이루어지는 것은 아니며, 평가가 의도적으로 이루어지기도 하지만 일반적으로 상당히 빠른 속도로, 지각하지도 못한 상태에서 자동적 평가기제가 작동한다고 볼 수 있다. 둘째, 정서유발 상황에는 공통적인 요소가 존재한다. 경험에서의 개인적 차이나 문화적 차이로 인해 정서를 유발하는 변수는 유동적이지만 그럼에도 불구하고 특정한 정서를 유발하는 공통적인 요소가 있다. 셋째, 정서는 인간뿐만 아니라 다른 영장류에서도 관찰된다. 넷째, 정서는 빠르게 생성된다. 정서는 너무나 빠르게, 무엇이 일어났는지를 지각하기도 전에 생성된다. 다섯째, 정서는 그 지속시간이 짧다. 정서는 빠르게 생성되지만 오래 지속되지는 않는다. 여섯째, 정서는 불수의적으로 생성된다. 특정한 정서를 생성하기로 작정하고 이를 의도적으로 생성한다는 것은 거의 불가능하며, 정서는 특정한 사건에 의해 불수의적으로 촉발된다. 일곱째, 정서에는 뚜렷한 생리적 반응이 수반된다. 학자들에 따라 다소 차이가 있으나 특정 정서에는 특징적인 자율신경계(autonomic nervous system: ANS)의 변화가 수반된다고 한다. 여덟째, 뚜렷한 보편적 신호(universal signal)가 존재한다. 모든 정서에서 나타난다고 볼 수는 없지만, 분노, 공포, 슬픔, 혐오 등과 같은 특정 정서에는 보편적인 신호가 나타난다(Ekman, Davidson & Friesen, 1990; 정옥분 외, 2007).

3) 정서의 종류

정서는 사람들의 다양한 경험에 따라 분류된다. Watson과 Clark는 긍정적 정서와 부정적 정서가 서로 독립적이며, 부정적 정서보다는 긍정적 정서가 더욱 적응적인 행동을 예언한다고 하였다. 긍정적 정서는 개인의 내·외적으로 의미 있게 보이는 것이며 열정 등을 나타내는 정서로 '정열적', '적극적', '정신 차린' 등과 같은 감정을 느끼는 상태를 말한다. 이 상태가 강한 사람은 높은 에너지를 갖고 있고 집중을 잘하며, 즐겁게 과제에 몰두하는 사람이다. 반대로 부정적 정서는 불안을 나타내는 정서로 '분노', '모욕감', '거북스러움', '죄책감', '두려움', '신경질적인' 등의 정서이다. 부정적 정서를 느끼는 정도가 낮으면 '편안한', '이완된', '평화로움'과 같은 정서가 나타난다.

이와 같이 긍정적 정서와 부정적 정서는 개인 내와 개인 간의 분석에서 확인되었고, 그것들을 시간구성(frames), 반응형식, 언어, 문화 그리고 다양한 어구(descriptor)의 조합(set)에 의하여 일관되게 나타난다(Watson & Tellegen, 1985; 임낙철, 2009, 재인용). 또한, 긍정적 정서는 주관적 안녕의 핵심적 요소이고 환경적 자극을 긍정적으로 평가한 의식상태다. 긍정적 정서는 스트레스와 같은 부정적 정서를 회복하고 미래의 역경에 탄력적으로 대응할 수 있는 심리적 자원들을 축적할 수 있는 기능이 있다(Fredrickson, 1998; 마유미, 2012).

긍정적 정서는 기준에 따라 다양한 측면으로 구분한다. 유쾌한 정도에서는 황홀감, 환희감, 고양감, 행복감, 만족감, 안락감, 편안감, 이완감, 안도감 등이고, 긍정적 정서를 유발하는 타인에 대해서는 애정감, 친밀감, 유대감, 귀여움, 사랑스러움, 신뢰감, 존경감 등이며, 자신에 대해서는 자긍심, 자존감, 자신감, 수용감, 어떤 대상에서는 열광적 흥미, 즐거움, 재미감, 유쾌감, 심미감, 경외감 등이 경험된다.

부정적 정서는 인간이 처하게 될 위험과 위협에 대응하도록 만드는 적응적 기능을 지니며, 부정적 정서의 경험은 삶의 의미를 깊이 있고 풍성하게 되돌아볼 수 있다(권석만, 2009). 즉, 정서의 종류는 사람들이 일상생활에서 각 개인에게 얼마만큼 건강한 에너지를 창출하는 데 영향을 주었는지와 관련이 있음을 알 수 있다. 또한, 긍정적 정서와 부정적 정서는 개인마다의 경험에 따라 다르게 느껴짐을 알 수 있다.

4) 정서조절

정서조절(emotion regulation)은 Freud의 방어기제 연구와 Lazarus의 스트레스 대처방법, Bowlby의 애착 그리고 Mischel, Shoda & Rodriguez의 자기조절과 같은 연구 분야에서 집중적으로 다루어져 왔다. 지난 십여 년 동안 정서조절에 대한 연구가 급속히 증가하였다.

많은 연구자가 정서조절에 대한 다양한 정의를 제안하였다. 그러나 아직까지 연구자들 간에 정서조절의 개념이 합의되거나 타당하게 받아들여지고 있지 못하다. 그만큼 정서조절은 매우 복잡한 개념이며, 하나의 행동으로 정의될 수 없는 폭넓은 구성개념이다(Gross, 2008; Walden & Smith, 1997).

이러한 정서조절에 대한 개념이 합의되지 않은 것은 연구자마다 견해가 다르고 주안점을 어디에 두고 설명하느냐에 따라 결과가 달라지는 다양성을 가지고 있기 때문이다. 정서조절에 대한 용어 또한 여러 가지로 혼용되고 있다. 정서조절과 혼용되어 사용되어 온 통제(control), 방어(defense), 대처(coping)와 같은 용어 중에 Kokkonen & Pulkkinen(1999)은 정서조절을 통제의 의미로 사용하였다. 정서조절 개념은 정신분석적 전통과 Lazarus의 스트레스 대처 연구의 전통에서 그 유래를 찾아볼 수 있다.

불안조절은 정신분석적 이론에서 중요한 개념이다. Freud는 부정적인 정서를 총칭하는 용어로 불안을 사용하였다. 그에 의하면, 욕구가 수용될 수 없을 때 불안이 야기되고, 이러한 불안이 조절되는 과정에서 자아방어가 작동한다. 예를 들어, 자녀가 아버지를 향한 분노를 억제함으로써 아버지에게 화를 내는 것과 관련된 죄책감을 피하는 것이다.

Lazarus는 스트레스와 대처방법에 대한 연구에서 사람들은 하나의 사건에 대한 생각을 변화시킴으로써 개인의 정서반응을 변화시킬 수 있다고 제안한다. 이러한 대처반응(coping response)을 스트레스 자극이 야기하는 부정적인 정서를 조절하기 위한 방략으로 보았다. 그는 대처반응을 문제 초점적 대처와 정서 초점적 대처로 구분한다. 문제 초점적 대처는 상황 자체를 변화시키기 위한 시도이고, 정서초점적 대처는 정서적 고통을 줄이기 위한 활동들로 회피, 선택적 주의, 인지적 재평가 등이 포함된다. Lazarus의 견해는 사건의 의미에 대한 개인의 인지적 평가가 정서적 경험의 출발점이며 정서에는 반드시 인지가 내재되어 있다는 것이다(Folkman & Lazarus, 1980; 이지영, 2008).

정서조절과 관련된 연구에서 국외 학자들의 접근을 살펴보면, Beer & Lombardo(2007)는 정서조절을 심리학적 구조에서 뇌손상의 시각에서 보았다. 정서는 생리학, 현상학 그리고 상황평가에 관련하여 일어나는 얼굴 표정 변화와 유관하다고 본다.

Loewenstein(2007)은 인지에 기반을 두고 정서조절을 예측하였다. 정서의 능력과 정보처리를 통하여 동기부여의 결정적인 것은 정서와 인지의 복합적인 상호작용이 있음을 알아야 한다는 것이다.

Shaver & Mikulincer(2007)는 정서조절을 성인애착 방략으로 본다. 우울감이 있는 성인들의 관계 유지를 위한 방법으로, 불안정한 애착의 주요 범위는 이전의 애착관계에서 고통스러운 경험이 관련되어 있다고 보았다. 부모 한 사람 또는 두 사람 모두 애착표현의 시작이 필요하다고 하였다.

Stegge & Terwogt(2007)는 정서의 인식과 조절에서 아이들이 정서의 핵심 과정과 정서조절 과정 사이의 상호작용을 돕기 위해서는 기초 지식이 필요하다고 하였다.

Kopp(1989)은 정서조절을 긍정적인 정서와 부정적인 정서의 고양된 수준을 다루는 과정이라고 하였다. 이러한 정서는 긍정적인 정서와 부정적인 정서 간에 조화를 이루는 것이다. 또한, 기쁨, 즐거움, 우울, 분노, 두려움 등으로 이러한 정서를 긍정적, 부정적 정서의 수준을 높이는 데 필요한 대처 과정 또는 특성으로 보았다.

Thompson(1994)은 정서조절은 개인이 자신의 목표를 성취하기 위해 정서적 반응의 강력하고 순간적인 특징을 관찰하고 평가하고 수정하는 외적 및 내적 과정임을 이야기한다.

Gottman & Katz(1989)는 정서조절은 긍정적 또는 부정적 정서와 관련된 부적응적인 행동을 억제하고 정서의 강도가 유도될 때, 생리적 각성을 완화시키며 주의를 재집중하고 외적인 목적을 이루기 위해 행동을 조절할 수 있는 능력이라고 한다.

국내에서 정서조절을 연구한 임희수(2001)는 정서조절이란 특정 정서를 유발하는 상황에서 그 정서를 조절하기 위해 사용하는 대처전략으로 보았다.

박서정(2004)은 정서조절이란 긍정적이거나 부정적 정서표현이 필요한 상황에서 적절하게 긍정적이거나 부정적 정서표현을 하는 것을 의미하는 것으로 보았다.

이지영과 권석만(2006)은 정서조절을 긍정적 정서의 증대와 부정적 정서의 감소, 긍정적 정서와 부정적 정서의 균형과 조화, 상황적 맥락에 적절한 정서의 체험과 표현이라고 했다.

이지영(2008)은 정서조절을 개인이 불쾌한 정서를 예방하거나 감소시키기 위해 동원하는 다양한 노력으로 보았다.

이와 같이 정서조절에 대한 개념은 학자들마다 대상의 접근에 따라 다양한 개념으로 구분하고 있다. 인지적 · 행동적 노력과 긍정적인 정서와 부정적인 정서 간의 조화이며, 의식적 · 무의식적 과정이다. 그리고 한 반응 영역의 활성화가 다른 반응 영역의 활성화를 조절하기 위해 작용하는 과정이며, 내·외적인 정서적 반응이다. 또한 긍정적인 정서표현과 부정적인 정서표현이다.

2 Gross의 정서조절

우리가 부모가 되었을 때, 비로소 부모가 베푸는 사랑의 고마움이 어떤 것인지 절실히 깨달을 수 있다.

– 헨리 워드 비처 –

1) Gross가 주장한 정서

Gross(2007)는 정서(emotion)와 정서조절(emotion regulation)이 관련이 있다고 본다. 정서란 첫째, 일반적인 언어에서 유래된 말이다. 둘째, 매일 대화에서 나타난다. 셋째, 그 경계선이 모호하다. 넷째, 정서는 부드러운 강도에서부터 강한 강도까지이다. 다섯째, 단순한 것에서부터 복잡한 것까지다. 여섯째, 사적인 것에서부터 공적인 것까지이다. 마지막으로 그 범위가 매우 넓다.

일상생활에서 발생할 수 있는 예를 들면, 신발 끈이 풀렸을 때의 짜증, 경제적 격차에 대한 분노, 즐거운 농담, 정치적 압박에서 나오는 분노, 사랑하는 사람의 죽음에 대한 슬픔, 친구의 새로운 모습을 볼 때 나타나는 놀라움, 부모님의 죽음으로 기인한 슬픔, 도덕적 일탈로 인한 죄책감 등은 일상생활에서 느낄 수 있는 정서들이다(Lewis, Haviland-Jones & Barrett, 2008; Gross, 2007). 즉, Gross는 정서란 사람들이 일상생활에서 얼마든지 경험할 수 있는 상황들이라고 했다.

2) Gross가 주장한 정서의 특성

Gross는 정서에는 3가지 특성이 있다고 했다. 첫째, 정서는 어떤 사람이 자기의 목표와 관련되어 있다고 생각하는 상황에 개입될 때 일어난다. 이러한 평가를 뒷받침하는 목표는 지속될 수도 있다. 아니면 일시적이 되고자 하는 것도 목표가 될 수 있고, 주변도 목표가 될 수 있다. 따라서 목표가 의식적이고 복잡할 수도 있고, 무의식적이며 단순할 수도 있다. 또한, 목표가 어떤 것이든 간에 또는 개인에게 일어나는 상황의 의미가 무엇이든지 간에 정서를 유발한다. 시간이 흐름에 따라 이 의미가 변하기 때문에 정서 또한 변하기 마련이다.

둘째, 정서는 주관적 경험, 행동 그리고 중심생리학 및 주변생리학 영역에서 느슨하게 결합된 변화를 수반하는 다면적(多面的)이면서도 몸 전체에 나타나는 현상이다. 정서의 주관적 양상은 정서를 가지고 표현하는 것과 굉장히 밀접한 관계를 이루고 있기에, 일상에서 '정서(emotion)'와 '느낌(feeling)'이라는 용어는 대개의 경우 서로 혼용되어 사용되고 있다. 그러나 정서는 무언가를 느끼게 할 뿐만 아니라, 무언가를 하고 싶어지도록 만들기도 한다. 이것이 정서를 설명하기 위해 사용하는 말 속에서 반영된다. "화가 나서 펄펄 뛰고 있다.", "눈물이 나온다." 또는 "무서워 얼어붙었다."라고 말하는 것이다.

확실한 방법을 통해 행동하게 만드는 이 기분들은 정서반응과 연관된 운동활동의 결과로 나타나는 연관된 행동반응을 기대한다. 그리고 자율적인 신경내분비적 변화와도 연관되어 있다. 정서에 수반된 행동 및 생리학적 반응 시스템에서의 성숙변화는 특히, 유아기 및 유년기에 있어서 정서발달에 아주 기본적인 역할을 한다.

셋째, 정서와 연관된 다중시스템(multisystem) 변화는 반드시 의무적인 것은 아니다. 정서는 우리가 하는 것을 방해할 수도 있고, 깨닫도록 강제성을 띨 수도 있음을 의미하는 '통제 선행요소(control precedence)'라고 한다. 그러나 대개의 경우 정서는 통상적으로 작용하고 있는 사회적 발달의 모체가 야기한 다른 반응들과 경합(競合)해야 한다. 정서조절 분석에 있어서 가장 중요한 것이 정서조절을 가능하게 하기 때문이다. 따라서 정서는 어떤 사람이 일상생활에서 경험한 정서에 따라 인지적, 정서적 그리고 행동적으로 다양한 반응이 나타난다. 또한, 개인의 신체와 정신적으로 영향을 미침을 알 수 있다.

3) 정서를 나타내는 의미들

정서라는 단어에는 다양한 의미들이 포함되고 사용된다. 또한, 정서(emotion)를 나타내는 단어들이 많아서 의사소통을 어렵게 한다. 예를 들면, 감정(affect), 반영(reflect), 기분(mood), 일시적 감정(impulse), 느낌(feeling) 등이다. 이러한 정서와 관련된 다양한 단어는 정서적 처리 과정에서도 구별할 필요가 있다.

첫째, 정서(emotion)와 기분(mood)의 차이점이다. 정서는 특정한 대상이 있으며, 그 대상과 관련된 행동반응 경향성을 야기한다. 날씨에 비유한다면 변화무쌍한 정서적 날씨이다. 지속시간이 짧고 특정한 대상이 있으며, 그 대상과 관련해서 다양한 정서반응이 나타난다. 기분은 대부분의 경우 정서보다 더 오래 지속되며 확산적이다. 그리고 대상 또한 특정적이지 않다. 접근과 회피행동 반응성을 발생시키지만, 행동보다는 인지를 편향시키고 그 이상이 되기도 한다.

둘째, 정서(emotion)와 감정(affect)의 차이다. 정서는 감정을 포함한 상태와 과정이다. 감정은 분노, 슬픔 같은 정서, 우울이나 도취 같은 기분, 좋음과 싫음과 같은 성향적인 상태(dispositional state)이다. 그리고 활기참과 급한 성미와 같은 특질 등을 포함하는 쾌-불쾌 차원의 기분이다. 쾌-불쾌 차원에서의 '감정'을 최상위 개념으로 사용한다.

셋째, 정서(emotion)와 동기부여식 일시적 감정(impulse)인 충동의 차이다. 사전적 해석에서 'impulse'는 충동, 자극, 욕망, 원동력, 신경흥분 등 다양하게 해석되어 있다. Gross는 감정과 관련된 다른 동기부여식 일시적 감정을 정서와 구분하였다. 예를 들어, 배고픔, 목마름, 성행위, 통증 등이다. 정서와 마찬가지로 각각의 충동 즉, 동기부여식 일시적 감정들은 유인가(incentive, 誘引價) 및 구동력(driving force, 驅動力), 지시 행동 및 힘을 북돋아 주는 행동을 보여준다. 그러나 정서(emotion)가 잠재적 목표로서 훨씬 더 넓은 범위로 점점 발전되는 유연성을 가지고 있다는 점에서 다른 동기부여식 일시적 감정과 구별된다.

그 결과, 물러서는 정서와 접근하는 정서를 구별할 수 있다. 그러나 정서가 일어나는 상황을 언급하지 않고서 정서의 행동경향성의 성숙을 좀 더 자세히 설명하기는 어렵다. 다시 말해서 유인가는 어떤 욕구를 만족시킬 수 있거나 또는 그 자체로서 바람직한 것으로 지각되는 사물, 사람 또는 상황이다.

예를 들어, 부모와 자녀가 식당에서 맛있는 음식을 배부르게 먹고 나서, 자녀는 과자나 아이스크림 등이 먹고 싶은 충동을 느끼는 것이다. 밥을 먹고 배가 부름에도 불구하고, 먹지 않아도 되는데 그 상황을 지각하게 되는 것이라 볼 수 있다. 구동력은 동력 기구를 움직이는 힘을 의미하며, 추진력이라고도 사전적 의미로 해석된다. 추진력은 어떤 일이나 사건의 중심이 되어 그것을 밀고 나가 실행하는 힘이다. 위의 자녀가 식사 후에 과자나 아이스크림을 사달라고 떼를 쓴다면, 부모는 과자를 사주든지 아니면 사주지 않든지 둘 중 하나를 선택할 것이다. 따라서 Gross는 정서의 의미를 개인의 정서적 경험의 표현과 느낌에 따라 인지적, 정서적 그리고 행동적으로 다양한 의미를 부여함을 알 수 있다.

4) 정서모델 양식

Gross(2007)는 정서에 대한 모델 양식을 [그림 2-1]과 같이 제안하였다.

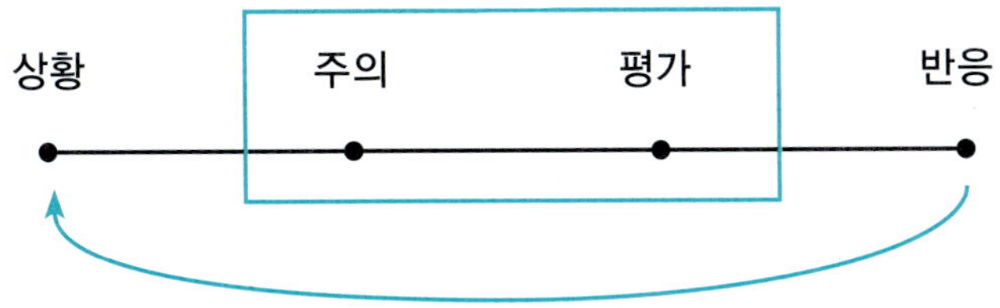

[그림 2-1] **정서 모델 양식**

출처: Gross, 2007

정서 모델 양식은 Gross의 정서 특성 3가지를 토대로 구성하였다. 이 모델 양식은 '사람-상황관계-개인'에게 특별한 의미가 있으며, '사람-상황관계'가 특별한 의미로 진행중이고 조정되며, 유연한 다중 시스템의 반응을 야기한다. 이 모델 양식이 정서에 대한 기초를 이루고 있으며, 정서를 연구하는 연구자들과 이론가들이 공감하는 주요 요점들을 설명하였다.

[그림 2-1]에서 정서 모델 양식이 설명하는 상황-주의-평가-반응의 순서를 볼 수 있다. 이는 상황과 반응 사이에 블랙박스를 이용하여 심리적으로 연관된 상황에서부터 시작된다. 이 상황은 슈퍼마켓 계산대에서 앞에 줄을 길게 서 있는 것과 같이 대개의 경우 외부적인 상황이다. 그 결과 육체적으로 설명 가능한 상황으로 보았다. 그러나 심리적으로 연관된 상황은 정신적 표상에 기반을 둔 내부적 상황일 수도 있다.

이와 같이 정서반응은 여러 방법으로 생각되는 평가에 의해 발생하며, 상황의 친숙성(familiarity, 親熟性), 감정가(鑑定價), 가치관련성(價値關聯性)을 개인이 어떻게 평가하는지에 의해 일어난다. 그리고 정서는 종종 상황을 변화시킬 수 있기 때문에 정서 이후에 오는 반응 사례가 나타날 가능성을 변화시킬 수 있다고 보았다. 또한, 평가에 의해 생성된 정서적 반응들은 경험적, 행동적 그리고 생리학적 반응 시스템의 변화와 관련이 있다는 것이다.

따라서 정서 모델 양식은 '상황', '주의', '평가', '반응' 중에서 연속적으로 일어나며, '주의'와 '평가'가 여러 반응에 영향 받아 연속적으로 일어난다. 즉, 정서는 사람 · 상황 · 관계 속에서 개인이 생각되는 평가 · 상황에 따라 상대방과 얼마나 친근하고 익숙한 관계형성인지, 개인이 인지를 통해 평가자가 스스로 지각함으로써 주위 환경에 여러 반응의 영향을 받으며 일어나는 것으로 볼 수 있다. 이 정서의 반응은 개인의 정서 경험과 행동 그리고 생리학적 변화에도 영향을 준다.

5) 정서조절 과정 특성

Gross는 정서조절이란 사람들이 어떤 정서를 언제, 어떻게 경험하고 표현할 것인가 영향을 미치는 과정이라고 하였다.

정서조절에 대한 세 가지 특성은 첫째, 사람들이 정서를 감소시키거나 증가시킴으로써 부정적 정서나 긍정적 정서 중 하나를 조절할 가능성을 명시적으로 포함시킨다. 사람들이 변화시키려고 노력하는 감정이 정서의 발달 단계에 따라 달라질 수 있는지 여부에 대해서는 거의 알려진 바가 없다. 하지만, 인터뷰 조사를 통해 청소년들은 경험적이고 행동적인 경험 양상을 조절하는 데 집중함으로써 부정적 정서 중 특히 분노, 슬픔, 걱정을 하향 조절하려고 하는 경향이 우세함을 알 수 있었다. 이러한 정서조절 사례들은 사회적으로 거의 일치하였다.

예를 들어, 참가자들에게 나타난 긍정적인 정서는 사회적으로 적응하기 위해 행복감을 조절했음에도 불구하고, 부정적 정서보다 훨씬 덜 일어났다. 이러한 사례를 통해 사람들은 부정적 정서와 긍정적 정서 중에 어느 하나를 조절하려는 성향이 있다는 것을 알 수 있다.

둘째, 정서조절은 처음에는 의식적이고 신중하지만, 시간이 경과된 후에는 의식적 자각 없이 일어난다. Gross는 슈퍼마켓 사례를 다음과 같이 상황을 통해 설명한다.

그 누구도 슈퍼마켓 계산대 앞에 길게 늘어선 줄에 서 있기를 좋아하지 않는다. 더디게 움직이는 줄이 수다스러운 계산원 때문에 더 느리게 움직이면, 짜증이 분노로 바뀌고 그 분노가 우리의 생각, 감정, 행동 그리고 실제로 우리 몸 전체를 통해 분명하게 나타난다. 혈압이 오르고, 카트를 잡고 있는 손에 힘이 들어가게 되고, 그리고 그 계산원을 향해 좋지 않은 말을 하게 된다. 그러나 마지막 순간에 남을 헐뜯는 말이 나쁜 상황을 더 나쁘게 만든다는 생각이 마음에 떠오른다. 이러한 사례의 상황은 처음에 정서조절을 의식적으로 신중하게 하였으나 시간이 경과된 후에는 의식적 자각 없이 일어난 것을 알 수 있다. 그러므로 정서조절은 의식적 · 무의식적 조절이 일어나며, 능동적인 조절과 자동적 조절을 통해서 이루어진다.

셋째, 정서조절은 방어(defence, 防禦)가 특정한 형태의 정서조절로 명확히 좋은 것인지 혹은 나쁜 것인지에 대해 가정을 두지 않았다. 그 이유는 방어가 스트레스 대처 방략으로서 잘 맞지 않는다. 잘 맞는 것으로 사전 규정되는 경우에는 스트레스와 그 대처 방법을 다루는 문헌에서 나타나는 혼란을 막을 수 있기 때문이다. 이러한 사전 규정은 방어적 과정의 비용(cost, 費用)과 편익(benefit, 便益)에 대한 고려를 어렵게 만든다.

Gross는 정서조절 과정이 일들을 문맥에 따라 호전시키거나 더 악화시킬 수 있다고 본다. 예를 들어, 부정적 정서를 악화시키는 인지적 방략들은 의료 전문가가 스트레스가 꽉 찬 환경에서 효율적으로 조치를 취할 수 있도록 도움을 줄 수 있다. 그러나 다른 한편으로, 감정이입(empathy)과 연관된 부정적 정서를 중화시킬 수도 있다. 그 결과 도움이 안 될 수 있다. 예를 들어, 한 어린이가 주의를 끌기 위해 큰 소리로 울 때처럼, 다른 사람들이 부적응적인 것으로 인식함에도 불구하고 한 사람의 목표를 달성시킬 수 있다. 즉, 방어가 정서조절 방략으로서는 잘 맞지 않기 때문에 정서조절 과정에는 효율적이지 못하다. 그렇기 때문에, 정서조절에서는 부정적인 정서의 상황도 인지적 방략을 통하여 긍정적인 정서로 상황을 바꿀 수 있다(Gross, 2007).

즉, 정서조절이란 사람이 어떤 상황이든 긍정과 부정으로 정서를 조절할 수 있으며 처음에는 의식적이라고 생각되지만, 차츰 무의식적으로 이루어질 수 있다는 것이다. 그러므로 정서조절은 긍정적인 정서로 조절할 수 있는 인지가 필요함을 알 수 있다.

6) 정서조절 과정 모델

Gross는 정서조절 과정은 자율적이거나 통제를 받거나, 의식적이거나 무의식적일 수 있다고 했다. 그리고 한 개 이상의 정서 발생 과정에 영향을 미친다. 또한, 정서조절은 정서를 개인적인 목표에 따라 점점 약화시키거나 강화시킨다. 아니면 있는 그대로 유지할 수도 있다. 얼굴, 표정, 행동이 변하지 않음에도 불구하고 정서경험과 심리적 반응에서 큰 변화가 일어날 때처럼 정서조절 또한 정서가 겉으로 나타난다. 따라서 정서반응 요소에서 견고함의 크기를 바꿀 수 있다. 즉, 정서조절은 개인에 따라 다르게 나타날 수 있으며 정서반응도 다르게 나타난다.

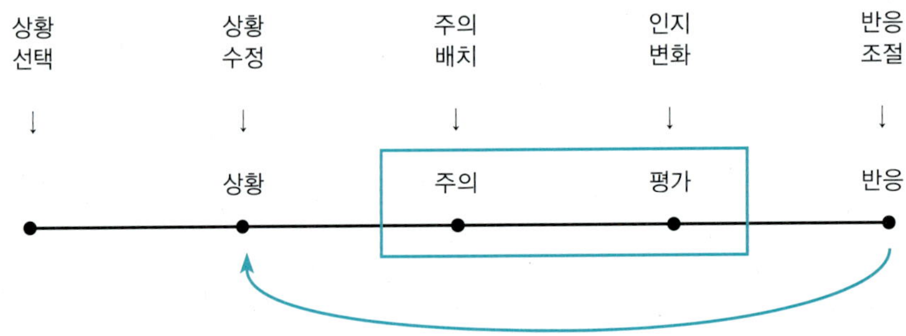

[그림 2-2] **정서조절 과정 모델**

출처: Gross, 2007

Gross는 다양한 정서조절 행동에 깔려 있는 반응에 대한 개념적 분석을 연구한 결과, [그림 2-1]의 정서 모델 양식을 이용하여 정서조절 행동이란 정서를 만드는 과정에서 나타나는 여러 가지 다른 주된 영향력을 가짐을 알 수 있었다.

정서 모델 양식을 제안할 때는 정서조절 과정에서 조절이 정서반응보다 먼저 일어난다고 생각했다. 그러나 조절은 정서반응이 일어나기 전이 아니라 정서반응 후에 일어난다. 이러한 상호보완적인 점을 고려하여 [그림 2-2]의 정서조절 과정 모델을 제공한다.

정서조절 과정 모델은 정서를 만드는 것에 연관된 일련의 처리과정을 구체화시키고, 사람들이 개인에 따라서 각각 정서를 조절할 수 있는 5가지 종류의 정서조절 과정을 강조한다.

정서조절 과정 모델은 상황선택, 상황수정, 주의배치, 인지변화이며 마지막은 반응조절이다. 즉, 정서조절을 위해 정서반응 후에 상호보완적 입장에서 상황선택, 상황수정, 주의배치, 인지변화, 그리고 반응조절까지 연속적으로 일어난다.

따라서 다음에는 5가지 정서조절 과정 모델의 정서조절 방략들에 대하여 살펴보고자 한다.

(1) 상황선택

상황선택은 일어날 것 같지 않은 상황의 특성 및 그 특성들에 대해 예상되는 정서반응을 이해하는 것이다. 정서의 상황에 따라서 사람이나 장소 그리고 대상 등에 접근하기도 하지만 회피하기도 한다. 따라서 상황선택은 개인이 노출되어 있는 특정 상황에서 영향을 받기 때문에 정서의 틀을 만들게 되고, 어떠한 상황에서 더 쉽게 취할 수 있는 행동과 연관되어 있다. 예를 들어, 어떤 약속을 지켜야 하고, 어디로 가서 점심을 먹고, 누구와 시간을 보내며, 퇴근하고 어떤 일을 할 것인지에 대해 수많은 결정을 내리는 것이 의미를 갖는다. 또 다른 예를 들면 공격적인 동료 직원 피하기, 운이 없었던 날이 지난 후에 기분전환으로 재미있는 영화 보기, 함께 실컷 울 수 있는 친구 찾기 등이다.

만약에 사람들이 정서에 영향받기 위해 한 발짝 다가가지 않는다면 정서의 틀을 알아 가는 데 어느 정도의 시간이 걸린다. 이러한 의식은 사람들로 하여금 상황선택을 통해 기본적인 정서의 틀을 바꿀 수 있도록 조치를 취한다. 또한, 상황선택은 순간적으로 발생하기 때문에 인식하기가 어렵다. 어린아이일수록 상황을 선택하는 능력이 없으므로 부모는 아이의 기질이나 흥미 등을 고려해야 한다(Gross, 2007). 즉, 상황선택은 사람들이 일상생활에서 어떤 정서를 경험한 후에 부정적 정서와 긍정적 정서 중에서 하나를 선택하는 것이다.

(2) 상황수정

상황수정은 정서에 영향을 주는 상황을 수정하는 것으로 정서적 충격을 바꾸기 위하여 그 상황을 수정하려는 직접적인 노력들이다. 또한 잠재적 형태의 정서조절이다. 일상생활의 어떤 상황에서 단어의 불명확성을 고려하면, 이것은 명확한 선을 긋기가 어려운 일이다. 상황은 외적일 수도 있지만, 내적일 수도 있다. 예를 들어, 내가 좋아하는 TV프로그램을 시청하다가 정전이 되었거나 고장 났을 경우를 상상해 보자. 이러한 상황에서는 TV를 보는 대신에 가족과 함께 게임 등을 할 수 있다. 이와 같이 상황을 수정하려는 노력은 우리의 정서적 영향력을 통해서 바꿀 수 있으므로 또 다른 정서조절의 형태로 나타날 수 있다.

상황수정은 정서표현에도 관련이 있어 부모 역할을 하는 데에도 중요하다. 아울러 정서표현은 사회적 결과에 영향을 미치기도 한다. 그리고 현재 진행 중인 상호작용을 크게 변화시킬 수도 있다. 부모의 정서표현은 자녀의 정서표현에 영향을 미치며, 나아가서 자녀의 사회적 반응에도 관련이 있다(Lewis, Haviland-Jones & Barrett, 2008; Gross, 2007). 즉, 상황수정은 부모가 자녀와의 관계에서 부정도 긍정도 아닌 명확한 정서상황이 구분되지 못하고 심리적으로 힘들 때, 긍정적인 정서에 영향을 주는 그 어떤 부정적인 정서를 긍정적으로 명확하게 상황을 변화시킬 수 있는 노력이다.

(3) 주의배치

주의배치는 개인들이 주어진 상황 안에서 각자의 정서에 영향을 주기 위해 어떻게 주의를 기울이는가를 의미하는 것이다. 눈이나 귀를 막는 것과 같이 물리적으로 주의를 철회하는 것과 내·외부적으로 주의를 전환한다. 가장 대표적인 방법으로 주의 산만과 반추가 있다.

주의 산만은 정서상황으로부터 주의를 전환시킨다. 전체적으로 집중된 정서 상호작용 중에 그 시선을 바꾸는 것과 같이 상황 모두로부터 주의를 전환한다. 그리고 맘에 들지 않는 정서상황과 일치하지 않는 생각이나 기억을 떠올리는 것과 같이 내적 초점을 바꾸는 것과 연관되어 있다(Lewis, Haviland-Jones & Barrett, 2008; Gross, 2007).

반추는 정서를 유발하는 사건과 연관된 느낌에 초점을 둔다. 부정적 정서상황이 언제, 어떻게 일어났는지 반복해서 느끼게 되면 슬프거나 화가 나는 사건에 대한 부정적 정서의 강도와 기간에 영향을 미친다. 만약 부정적으로 강화되면 우울한 감정을 뛰어넘을 수 있다.

따라서 주의배치는 어떤 부정적인 상황을 긍정적인 상황으로 주의를 돌리는 분산일 수도 있다. 또는 부정적인 상황에서 몰입을 통해 긍정적인 상황으로 집중할 수 있다.

내담자가 극도의 분노의 정서상황에 있을 때, 어떤 것이 긍정인지 부정인지 혼란스러워할 수도 있다. 상담자는 내담자가 이 상황을 긍정적인 정서로 주의를 돌리고, 집중하면서 그 상황의 정서를 반추할 수 있는 상담실의 환경으로 전환시키는 것도 필요하다. 실내, 실외 그 어느 장소든지 환경을 바꾸는 상담자의 지혜가 중요하다. 예를 들어 영화관, 음악회, 식사, 산, 강, 자연환경 등을 통해서 정서의 초점을 바꾸어보는 것도 좋다.

(4) 인지변화

인지변화는 그 상황 자체 혹은 그것을 통제하는 능력에 대한 생각을 변화시킨다. 또한, 상황에 대한 정서적 중요성을 변화시키는 방법으로 정서에 대한 평가를 재해석한다(Gross, 2002). 재해석은 그 상황에 대한 개인의 정서반응에 변화가 생기는 방법으로 상황에 대한 의미를 바꾼다. 그리고 내적인 정서를 변화시키며 부정적인 정서를 감소시킨다.

최근의 재해석에 대한 연구는 특히 부정적 정서에 대한 감소라는 의미에서 정서의 양적 변화에 초점을 맞추고 있다. 이러한 연구들은 재해석이 부정적 정서 경험과 표현 행동을 감소시킨다고 주장한다. 재해석은 놀라는 반응, 신경 내분비적 반응, 자동 반응을 감소시킨다. 또한, 부정적인 정서를 일으키는 상황에서도 재해석을 사용한다. 상황에 따라서 일상생활에서도 모두 이 재해석 방법을 사용하고 있다. 이러한 발견은 정서를 조절하는 것을 다루는 연구에서 생태학적 타당성을 가지고 있다.

재해석이 전전두엽 영역의 활성화를 상향 조절하는 데 사용될 때, 편도체와 같은 정서를 유발시키는 구조물의 활성화는 다소 감소한다. 또한, 서로 모르는 대상자들이 서로 친하게 되는 과정에서도 인지적 재해석을 사용한다. 이러한 재해석은 정서 유발 과정 초기에 개입하고, 경험적 · 행동적 · 생리적 정서반응의 요소를 변화시킨다(Lewis, Haviland-Jones & Barrett, 2008; Gross, 2007).

인지변화는 부모가 아이를 양육하는 과정에서 아이의 정서반응의 발달에도 도움을 준다. 아이의 재평가를 통한 경험은 성장 후에도 그 경험을 토대로 재평가하는 방법에 영향을 미친다. 이러한 인지변화에 대한 재평가는 나라마다 문화적으로 부정적인 정서를 표현하는 것이 다르다(Gross, 2007).

따라서 인지변화는 부정적인 정서상황에서도 긍정적인 정서조절을 위해서 무엇이 적절한지 그 의미를 인식하는 선택이 필요하다. 내담자가 처한 장면이나 내담자에게 발생한 사건을 재해석함으로써 변화를 주는 인지에 초점을 두는 재평가이다. 이것은 부정적인 정서상황에 대한 내담자의 생각을 변화시키는 것이다.

내담자의 생각이 좋거나 나쁘게 변화함으로써 신체에 영향을 미칠 수도 있다.

(5) 반응조절

반응조절의 마지막에 나타나는 반응 경향은 비교적 체험적 · 생리적 · 행동적 반응에 영향을 준다. 예를 들어, 운동이나 휴식은 부정적 정서의 물리적 그리고 경험적 측면을 감소시키는 데 사용될 수 있다. 또한, 술이나 담배, 그리고 약물이 부정적 정서의 생리적 및 경험적 양상을 줄이기 위해 이용될 수 있다. 그러므로 반응조절은 정서표현 행동을 조절하는 데에 관련이 있다.

부모가 자녀에게 느낀 감정을 표현하도록 하는 것이 정서관리 능력에도 영향을 주며 상황에 따라 다를 수 있다. 개인의 정서표현 역시 개인마다 차이가 있고 문화적 차이에 따라 다르게 나타난다(Gross, 2007). 반응조절에서 연구가 가장 잘된 형태는 표현 억제이다. 이것은 현재 느끼는 정서의 표현 행동을 감소시키도록 시도하는 것을 의미한다. 억제란 상사에게 느끼는 분노를 감추려고 노력하는 것이나 동료가 옳지 않은 농담을 할 때 느껴지는 불안을 감추려고 노력하는 것이 포함된다(Lewis, Haviland-Jones & Barrett, 2008; Gross, 2007).

따라서 반응조절은 내담자가 자신의 정서표현이나 행동 등을 부정적인 정서 경험 등을 감추거나 표현하는 것이다. 이러한 정서표현은 생리적 반응으로 나타날 수 있는 약물 등을 통해서 정서적인 반응을 조절할 수도 있기 때문에 내담자가 일상생활에서 부정적인 정서 경험을 억제하거나 표현하였을 때에 사용한 약물이나 감정의 언어들을 파악하는 것이 중요하다. 그리고 정서표현은 개인마다 다르게 나타난다.

CHAPTER 03

발달대상에 따른 정서조절

부모는 자녀의 거울이다. 부모의 정서조절은 자녀의 정서표현과 발달에도 영향을 미친다. 부모의 다양한 정서를 통해 자녀도 그 정서를 습득하고 자신도 모르게 의식적 또는 무의식적으로 표현한다.

이 장에서는 자녀의 발달 단계에 따른 부모의 정서조절을 사례 등을 통하여 살펴보고자 한다.

1 부모의 정서조절

부모의 사랑은 내려갈 뿐이고 올라오는 법이 없다.
즉, 사랑이란 내리 사랑이므로,
자식에 대한 부모의 사랑은 자식의 부모에 대한 사랑을 능가한다.

– 엘베시우스 –

1) 태내기 부모의 정서조절

태내기는 임신초기 1~3개월이며 가장 중요한 시기이기도 하다. 이때에는 세포가 급속하게 분열되어 진행한다. 따라서 임산부의 영양이나 약물복용 그리고 정서상태가 매우 중요하다. 태내기에는 어머니를 통해서 신체적 · 정서적으로 여러 가지 정서 변화가 태아에 영향을 미친다. 태내기의 발달은 배종기(germinal period), 배아기(embryonic period), 태아기(fetal period)의 3단계로 진행된다.

배종기(germinal)는 정자와 난자가 결합한 수정란이 자궁벽에 착상하는 2주까지의 기간을 말한다. 배아기(embryonic period)는 수정란이 자궁벽에 착상한 후부터 8주까지를 말하며, 어머니와의 의존적인 관계를 형성하면서 매우 빠른 속도로 발달이 진행된다. 신체의 주요기관이 형성되고 빠른 속도로 세포분열이 이루어지는 시기로, 이 시기에 발달을 저해하는 사건이 발생하면 영구적인 손상을 입게 되므로 주의해야 한다. 태아기(fetal period)는 8주 이후 출생까지의 시기로 새로운 기관의 형성보다는 전 단계에서 기본적으로 형성된 여러 신체조직이 급격히 발달하고 기능하기 시작한다. 태내기는 전 생애의 관점에서 볼 때, 1년도 안 되는 짧은 기간이지만, 출생 후 성장과 직결되는 인간발달의 초석이 되는 중요한 시기이므로 태내 환경에 대한 각별한 주의와 배려가 요구된다(박성연 외, 2003).

부모가 자녀를 출생한다는 것은 기쁨이기도 하지만, 자녀의 출산은 양육에 대한 스트레스 등으로 우울증과 같은 정서적인 어려움을 동반하기도 한다.

태아기는 부모가 되는 초석의 과정이기 때문에 임산부의 신체와 생리적인 변화들로 인하여, 임산부는 우울증 등의 여러 가지 정서적인 문제로 스트레스를 받을 수 있다. 그러므로 태아기에는 임신한 어머니뿐만 아니라, 아버지의 적극적인 정서표현도 중요하다. 특히 임산부가 준비되지 않은 상태에서 임신할 경우, 내면에 부정적인 화가 쌓여서 분노가 공격적으로 발생하는 사례도 있다.

사례 1. 원치 않는 아이를 임신했어요

내담자 – 남자 친구를 너무 사랑해서 한 순간 실수를 했어요.

상담자 – 남자 친구를 많이 사랑하시는군요.

내담자 – 예, 엄청 사랑했지요. 그런데 지금은 아니에요.

상담자 – 무슨 일로 한 순간 실수를 했다는 거지요?

내담자 – 지금은 대학을 다녀야 하고, 꿈도 있고, 그런데 임신을 했어요. 남자 친구가 좋아서 임신을 했지만, 낳아서 키워야 할지, 아니면 지워야 할지 망설여져요. 속이 상해서 날마다 술 마시고 담배를 피우면서 속상함을 달래고 있어요.

상담자 – 남자 친구는 어떻게 하기를 원해요?

내담자 – 낳으래요. 자기가 책임진대요. 뭐 지네 부모가 키워준다나요? 그래서 머리가 아파요.

상담자 – 부모님은 어떻게 하기를 원해요?

> 내담자 – 부모님도 네가 그렇게 사랑하면, 그 아이 낳으래요. 키워준대요. 그래도 저는 지금 학생이고, 창피해서 어떻게 해요. 학교도 다녀야 하는데, '하필이면 왜 이 아이가 생겼는지…. 죽었으면 좋겠다.' 싶어서 배를 때리고 소리도 지르는데, 아이는 뱃속에서 듣고 있는지…. 답답해요. 이 아이는 생명력이 강한가 봐요. 아무래도 낳아서 부모님께 맡겨야 될 것 같아요.

위의 사례는 부모로서 준비되지 않는 임산부의 사례이다. 부모는 준비된 부모가 아름답다. 준비된 부모의 임신은 부모가 서로 사랑으로 하나가 되어 준비함으로써 건강한 임신과 태아기의 과정을 거쳐서, 건강한 자녀를 출산할 수 있다. 준비되지 못한 부모가 태아기일 때 자칫 위의 사례처럼 화가 난다고 술이나 담배를 할 경우에는 임산부와 태아의 건강에도 나쁜 영향을 미친다. 따라서 태아기의 부모가 건강하게 보내기 위해서는 부정적인 생각과 행동을 버리고, 긍정적인 생각과 행동을 할 수 있는 정서조절이 필요하다. 준비되지 않은 임신을 했을 경우에는 임산부 혼자 고민할 것이 아니라, 부모나 주위에 자녀를 출산한 선배들 그리고 가까운 상담기관을 방문하여 태아기 부모로서 긍정적이고 능동적인 정서조절이 필요하다.

2) 영아기 부모의 정서조절

영아기는 출생 후부터 만 2세까지의 시기를 말한다. 이 시기는 발달 단계 중에 가장 많은 변화가 나타나는 시기이기도 하다. 신체적으로는 다양한 반사운동이 발달한다. 빨기 반사, 탐색 반사, 모로 반사, 걷기 반사, 쥐기 반사, 바빈스키 반사 등이 나타난다. 빨기 반사는 영아기의 자녀가 무의식적으로 젖이나 입 주위의 무엇인가를 빠는 것이다. 탐색 반사는 즉, 젖 찾기 반사로 입술과 입 근처나 볼에 물건이 닿으면 자동적으로 머리를 돌려서 자극이 있는 곳으로 입을 돌려서 빨려고 하는 것이다. 걷기 반사는 아이가 발을 들어 올려서 발이 바닥에 닿으면 발을 번갈아 짚으면서 걷는 것과 비슷한 움직임을 나타내는 것이다. 쥐기 반사는 손바닥을 누르면 손을 놓지 않고 꽉 쥐는 것이다. 바빈스키 반사는 아이의 발바닥을 간지럽게 하면 발등 위쪽으로 발가락을 부챗살처럼 펴는 것이다.

인지적으로는 다양한 정보들을 통해서 감각을 배우는 시기이며, 주로 양육자와의 관계형성이나 환경을 통해서 발달한다. 영아기에서 가장 중요한 정서발달은 애착형성으로 양육자와의 접촉이다. 즉, 부모와의 접촉이다.

부모와의 애착형성은 자녀가 평생을 살아가는 데 필요한 대인관계에 영향을 미친다. 부모는 영아기 자녀의 울음이나 미소 등을 통해 반응하는 것이 필요하다. 이 시기에는 낯가림이나 격리불안이 나타나기도 한다. 부모와의 애착형성은 관계형성이며, 나아가 정서조절에도 영향을 미친다. 부모와 자녀의 상호 간에 기본적인 신뢰감과 믿음을 형성하는 시기이다.

부모는 영아기 자녀의 정서적인 욕구를 만족시키는 제공자이며, 중요한 정서조절을 알리는 역할을 해야 한다.

Pollitt(1999)에 의하면, 영아기 부모가 영아에게 충분한 영양공급을 위하여 수유시간, 이유기기, 수유방법 및 접촉 여부, 대소변 훈련 등을 적절하게 제공해야 한다. 충분한 영양이 공급되지 못했을 때, 영아는 환경 내의 자극으로부터 움츠러들게 된다. 이러한 위축은 정보를 받아들이는 능력을 제한하게 되고 정상적인 발달에 필요한 지식이나 기술의 습득을 저해하게 된다는 것이다(임한나, 2011). 즉, 영아기 부모는 양육자로서 부모에게 의존하는 영아에게 충분한 영양공급과 편안한 환경을 제공하고 애착형성을 통해서 영아에게 신뢰받고 믿음이 가야 되는 것이다. 영아기의 자녀가 부모로 하여금 불안감을 느끼거나 충분한 영양상태가 되지 못했을 경우에는 양육자에 대한 부정적인 정서경험이 남을 수 있다. 이러한 정서경험은 분노반응으로 나타날 수 있다. 영아기의 정서는 주로 두 가지의 정서를 경험한다.

영아는 기쁨을 느끼며 양육자의 얼굴을 바라보고 미소 짓는다. 자신과 타인의 관계를 형성하는 최초로 정서를 표현하는 단계이다. 이 시기에는 슬픔의 감정도 표현할 수 있다. 어머니가 놀아 주기를 멈추고 방을 떠나면 영아는 슬픈 표정을 지으며 찡그리기도 한다. 어머니의 젖꼭지를 빠는 상황에서도 충분한 모유가 나오지 않으면, 짜증을 내거나 소리를 지르며 울기도 한다. 배가 부르도록 모유가 충분히 나오면 행복한 표정을 지으며 활짝 웃는다. 좋아하는 장난감을 손에 쥐어 주었다가 떨어뜨리거나 빼앗으면 화를 내거나 소리를 지른다. 이때는 자신만의 정서표현을 통해서 분노반응도 함께 늘어나며, 독립성도 강해진다.

영아는 양육자의 보호 안에서 공포를 느낄 만한 환경을 비교적 덜 접하게 된다. 하지만, 양육자 외에 낯선 사람을 맞이하면서 긴장과 불안을 가지기도 한다. 이때 양육자와의 분리에 대한 불안을 분노로 표현하기도 한다. 예를 들면, 무서워하거나 소리를 지르거나 숨어버리고 도망가기도 한다. 양육자가 우울한 표정으로 영아를 바라보거나 한숨을 쉬거나 무관심할 경우에 영아는 양육자의 관심을 끄는 행동을 하려고 방긋 웃거나 입을 오물거리기도 한다. 이것은 영아 스스로 정서를 조절하려는 노력 중의 하나이다.

영아기는 자신의 감정을 타인에게 표현할 수 있게 되고 정서를 상황에 따라 조절하는 기능이 극대화되기 시작하는 시기이다(Feldman, 2009). 2개월 경에는 표상능력의 발달로 영아는 양육자나 또래 등의 의도, 행동패턴, 상호작용을 기억하였다가 정서조절을 위한 행동으로 사용할 수 있다(Berk, 2002). 또한, 양육자로부터 분리되어 조절능력이 발달되는 시기이며 정서조절 기술 및 방략의 필요성과 기술을 획득하게 되는 시기이다(Calkins & Johnson, 1998).

영아의 정서조절 능력은 생각보다 일찍부터 나타나기 시작한다. 4~6개월 사이의 영아들은 낯선 상황에서 손을 빠는 행동으로 자신을 진정시키거나, 불쾌한 자극에 고개를 돌리는 행동, 정서적으로 불편하거나 불안할 때 양육자에게 다가가려고 하는 행동을 통해 정서를 조절하는 행동을 보인다. 이러한 정서각성에 대한 초기 조절 행동은 불쾌한 자극이나 부적절한 자극에 직면했을 때, 영아가 스스로 부적 자극을 줄이고 조절을 시도하는 것이다(Mangelsdorf, Shapiro & Marzolf, 1995).

6개월이 지나면 모호한 사진이나 낯선 사람과 마주할 때, 이에 대한 정보를 얻기 위해 양육자의 얼굴을 살피는 행동을 보이고, 9개월 정도 되면 양육자와의 격리에 대해 응시-회피나 자기 위안을 통한 정서조절 행동을 나타내기도 한다. 이는 타인의 얼굴 표정, 자세, 제스처 등 정서적 단서를 활용하여 타인의 정서를 인식하고, 이를 참조하여 자신의 행동과 정서를 조절하는 것이다(Repacholi, 1998; 곽승주, 2008; 김주영, 2011; 전효선, 2014).

12개월 정도 되면 불쾌한 자극에 대해 자신의 몸을 흔들거나, 물건을 씹거나 혹은 자극 유발 대상으로부터 멀어지는 책략을 발달시켜 나가기도 하며 차츰 사회적·인지적·정서적 발달과 함께 영아는 객체적-주체적 자기로서의 자기 인식이 발달한다. 18~24개월 정도의 영아는 자신을 당황하게 만드는 사람이나 대상의 행동을 통제하려는 경향을 보인다(Malatesta, Culver, Tesman & Shepard, 1989). 더불어 사회에서 요구하는 정서표출 규칙이 있는데 차츰 그 규칙을 배워감으로써 정서조절 능력이 구체화·체계화되어 간다(Ekman, 2006).

이처럼 영아들은 매우 이른 시기부터 사회적 관계 속에서 자신의 감정을 조절하는 경험을 하며 안정감을 스스로 찾으려는 경향을 보인다. 특히 만 2세경의 영아는 자신에게 필요한 정서조절 기술과 방략들을 점진적으로 획득하는 동시에 정서의 강도와 반응을 억제하거나 최소화하기 위한 능력이 점차 발달한다(Shaffer, 2005). 동시에 인지능력과 더불어 정서표현과 정서에 대한 이해능력이 급속히 발달되는 시기로, 정서조절 능력이 특히 확장된다(김주영, 2011; 전효선, 2014).

Curtrona와 Troutman(1986)은 예민한 기질을 가진 영아의 어머니는 대부분 산후우울증을 겪는다고 보고하였다. 어머니가 영아를 억제하려고 하면 영아는 통제에 저항하기 때문에 어머니와 영아 간의 갈등상태가 발생하며, 이렇게 까다로운 기질을 가진 영아는 어머니가 자녀를 돌보면서 양육할 때, 쉽게 피곤과 짜증 등이 누적되어 어머니에게 부정적인 영향력을 미친다. 그리고 까다로운 기질의 영아일수록 짧은 시간에 많은 좌절감을 느끼게 하며, 전체적인 가정의 결혼생활과 만족감까지 감소시키는 데 영향을 미치기도 한다(유영주, 2013).

정서조절 능력은 연령이 증가할수록 높아진다. 어머니와 접하는 환경에서 상호작용을 통해 대인관계의 기술을 배운다. 이새현(2015)의 〈어머니의 양육스트레스와 자녀의 부정적 정서 표현에 대한 반응과의 관계〉 논문 결과에서 어머니의 양육스트레스, 정서조절 곤란, 자녀의 부정 정서표현에 대한 반응과의 관계에서 유의미한 상관이 있는 것으로 나타났다. 이러한 결과는 양육스트레스와 정서조절의 어려움이 자녀의 부정적 정서표현에 대한 어머니의 반응에 영향을 주는 요인임을 검증하고 정서조절 곤란의 매개효과를 통해 양육스트레스가 자녀의 부정 정서표현에 대한 어머니의 지지적 및 비지지적 반응에 영향을 미치는 과정임을 알 수 있다.

따라서 영아기는 양육자와의 관계형성에서 정서조절의 부정적 정서표현과 긍정적 정서표현을 습득할 수 있다. 그러므로 부모가 부정적인 정서조절을 할 경우에 자녀는 고스란히 부정적인 영향을 받게 된다. 그 사례를 살펴보자.

사례 1. 직장을 다니면서 아이를 키우기가 너무 힘들어요

내담자 – 낮에 일하고 밤에 아이를 돌보는 것이 너무 힘들어요.

상담자 – 직장을 다니면서, 일도 하고, 아이도 양육하시느라 수고가 많으시네요. 현재 가장 힘든 것이 어떤 것인가요?

내담자 – 잠이에요. 잠이요. 잠을 푹 자고 싶은데 아기 때문에 충분히 잘 수가 없어요. 자려고 하면 울고, 깨서 돌봐주면, 씨익 웃고, 정말 열 받아요.

상담자 – 출퇴근 시간이 어떻게 되시길래 그렇게 잠을 못 주무시나요?

내담자 – 아침 8시 40분까지는 출근을 해야 돼요. 퇴근은 오후 6시나 7시에 해요.

상담자 – 그러면 낮에는 아기를 주로 누가 돌보아주시나요?

내담자 – 친정어머니와 시어머니가 서로 번갈아서 돌보지요. 친정어머니가 힘들고 바쁘면, 아기는 시어머니가 돌보고, 시어머니가 힘들고 바쁘면 친정어머니가 돌보지요. 아마 아기는 정신이 없을 거예요.

상담자 – 아기가 정신이 없다는 것은 무슨 뜻이지요?

내담자 – 누가 엄마인지 혼란스럽겠지요. 현재는 모유를 먹는 시기이기 때문에 모유를 짜서 냉장고에 얼렸다가 낮에 어머니가 먹여요.
저녁에는 제가 직접 모유를 먹이구요. 젖 먹는 아기를 보면 천사 같아요. 웃으면서 옹알이를 하면 너무나 예쁘고 사랑스러운데, 제가 너무 피곤하고 힘들면 짜증이 나요.

상담자 – 짜증이 나면 어떻게 아기에게 반응해주세요?

내담자 – 아기가 웃어도 웃지도 않고 멍하니 있어요.

상담자 – 멍하니 있는 것이 무엇이지요?

내담자 – 아무 생각 없이 아기에게 대꾸도 하지 않고, 젖만 먹여요. 그러면 아기도 얼굴이 찡그러져요. 불쌍해서 웃으면서 옹알이에 반응하면, 아기도 활짝 웃구요.

사례 2. 아이가 소리지르고 엄마를 때리고 꼬집어요

내담자 – 남편은 쉬는 날에 잠만 자요.

상담자 – 쉬는 날, 잠만 자요? 다른 것은 안 해요?

내담자 – TV도 보는데 주로 밖으로만 나가요.

상담자 – 남편이 쉬는 날에는 혼자 있는 것을 좋아하시나요?

내담자 – 남편이 뭐라고 하는지 아세요?

상담자 – 뭐라고 하지요?

내담자 – 쉬는 날 집에 있으면 마누라는 하루 종일 잔소리를 하고, 애새끼는 하루 종일 칭얼거리는 것이 싫고, 혼자 있고 싶어서 밖으로 나간다는 거예요.

상담자 – 결혼 전에 아이를 낳으면, 남편과 어떻게 양육하겠다고 이야기를 나누어본 적이 있으셨나요?

내담자 – 사실은 연애하다가 임신이 되어서 결혼을 급하게 했어요. 준비없는 결혼과 부모가 되어서 아이를 낳았지요. 부모님은 "너 결혼해봐야 내 마음을 알지."라고 늘 그러셨는데 이제야 그 뜻을 알겠어요. 결혼은 이론과 실제가 다른 것 같아요. 문제는 '아이를 잘 키울 것이다.'라고 생각했는데, 아이를 보는 것이 너무 힘들어요.
밤에 잠도 잘 안 자고, 엉뚱하게 소리를 지르고, 소리 지르지 말라고 하면 막 때려요. 거기다 남편은 도와주지도 않고 혼자 놀러 다녀서 열 받아요. 아이를 많이 낳아본 것도 아니고, 첫 번째 아이라 더 힘들어요.

상담자 – 아이를 어떻게 양육하고 싶으세요?

> 내담자 – 제가 유아교육을 전공했는데, 참 힘드네요. 저 혼자만이 아니라, 남편과 함께 키우고 싶어요.

영아기의 부모와 자녀의 정서발달은 애착형성과 타인과의 관계형성에도 중요한 의미를 부여한다. Anisworth에 의하면, 영아기의 애착은 출생에서 3개월 사이에는 타인과의 관계를 울음이나 미소 또는 응시를 통해서 양육자와의 접촉을 시도하려고 하고, 3~6개월은 친숙한 사람에게만 반응한다고 하였다.

위의 사례 1에서 영아기 자녀는 옹알이하고 웃으면서 양육자를 통해 정서표현을 하며, 놀이하는 것이다. 또한, 이때는 관계를 형성하려는 초기단계이다. 하지만 부모가 아무 반응이 없는 무반응이 지속된다면, 훗날 자녀의 발달 단계에서 정서조절에 부정적인 영향을 미칠 수 있다.

사례 2에서 영아기 부모는 준비되지 않는 결혼을 하고 자녀를 출산하였다. 첫 아이 출산은 부모가 되는 첫걸음이기 때문에 많은 준비가 필요하다. 그럼에도 불구하고 쥬비되지 않는 상황에서, 자녀를 출산하고 양육하는 과정 중에 부모가 서로 협력하지 않고, 일방적으로 각각의 입장에서 자녀를 바라본다면 출산한 어머니는 산모 우울증이나 스트레스 등을 받게 된다. 실제로 사례 2의 어머니는 우울하고 스트레스를 받으면, 우울한 정서나 분노를 자신의 손톱을 물어뜯거나 자살충동으로 나타냈다. 건강한 자녀를 양육하기 위해서는 부부가 서로 소통하고 반응하며 자녀를 어떻게 양육할 것인가를 함께 고민해야 한다. 이러한 상황에서 어머니는 어머니대로, 아버지는 아버지대로의 각각의 방식을 가지고 정서를 조절한다면 매우 위험한 것이다. 서로 일과 쉼 그리고 자녀양육을 어떻게 할 것인지 지혜를 모아야 한다.

3) 유아기 부모의 정서조절

만 2~6세까지의 시기를 유아기라고 한다. 주로 양육자와의 관계형성을 통해서 사회발달이 형성되는 시기이다. 이 시기는 부모와의 관계에서 분리되는 경험과 주위 환경에 관심을 돌리기도 하면서 대상관계가 나타나며, 사회성도 형성된다. 또한, 자율성과 주도성이 형성되고 자기조절이 생긴다. 타인에 대한 질투심과 수치심이 나타날 수 있으며, 자신의 감정을 숨기기도 하고 표현하기도 한다.

이 시기에는 몸에 힘을 주거나 소리를 지르며 울기도 하고 팔다리를 휘두르는 등의 행동으로 분노를 표현하기도 한다. 또한, 이 시기는 양육자와의 애착관계에서 형성된 정서표현으로써 주양육자와의 관계에서 낯선 사람인 타인을 의식하면서 정서에 대한 조절 능력도 생기게 된다. 예를 들면, 아이는 자신의 주장인 "엄마 나도 할 수 있어요. 나 혼자 다녀올 수 있어요. 엄마 따라오지 말아요. 싫어요." 등의 자율성과 주도성이 발달하게 된다.

가정에서 주양육자와만 생활하다가 유아기가 되어 어린이집이나 유치원 등에 다니고, 다양한 정서를 경험함으로써 분노와 관련된 정서표현은 점점 내향적과 외향적으로 구분되어 표현된다. 예를 들어 동생이 생길 경우에는 질투를 통한 정서표현으로 동생의 볼을 꼬집기도 하고, 장난감으로 얼굴을 때리기도 한다. 또래의 친구들과 의사소통을 통해서 어려움이 발생할 경우에는 소리를 지르거나 성인들과 같은 분노표현과 행동들이 나타나기도 한다. 또한, 양육자와의 관계에서 분노를 모방하여 표현하기도 한다.

예를 들면, "엄마가 화를 냈으니까, 나도 화를 내는 거야. 나도 엄마처럼 소리를 지를 거야." 등의 분노정서를 표현한다. 만약 부모가 유아기 과정의 자녀를 양육할 때에 부모의 싸움을 통해서 부정적인 정서를 표현하는 상황을 많이 보여줄 경우에는 또 다른 정서들이 나타남으로써 유아기의 정서조절이 인지적·정서적·행동적 반응으로 나타날 수 있다.

Gottman과 Katz(1989)가 4~5세 아동을 대상으로 한 연구에서 부모의 양육

행동이 부정적일수록 즉, 냉정하고 무반응적이고 제한설정이 부족할수록 유아는 분노를 많이 표현하며 순종적이지 않고 정서를 조절하는 능력이 떨어지는 것으로 나타났다(임희수, 2001).

Mcfadyen-Ketchum과 동료들(1996)의 연구에서 어머니의 강압적이고 비애정적인 양육행동은 유아의 공격적인 정서조절 방략을 예측해 주었다. 즉, 부모의 냉담하고 거부적인 양육행동은 유아로 하여금 부적응적인 정서조절을 하도록 한다(Shields & Cicchetti, 1998; 오인경, 2009, 재인용).

여은진(2009)은 〈유아와 어머니 정서성, 어머니의 정서사회화 행동 및 유아 정서조절 간의 구조 분석〉을 통해, 만 5세 유아 526명을 대상으로 연구하였다. 결과는 유아의 부정적 정서성이 낮을수록 어머니는 긍정적 정서표현을 많이 하고, 부정적 정서표현은 적게 하며, 유아들의 정서적 상황에 대해 적극적으로 개입하였다. 그리고 어머니 자신의 부정적 정서성이 낮을수록 긍정적 정서표현을 많이 하고 부정적 정서표현을 적게 하였다. 어머니의 정서사회화 관련 행동 중 정서표현과 정서지도는 유아의 정서조절에 직접적인 영향을 미치기도 하지만, 유아와 어머니의 정서성을 매개로 간접적인 영향을 미치는 것으로 나타났다. 따라서 유아기에 부모는 자녀를 양육하는 과정에서 긍정적인 정서표현을 자주 연습하고 많은 노력이 필요함을 알 수 있다. 이러한 정서표현은 자녀로 하여금 긍정적인 정서조절에 영향을 주며, 나아가 정서조절의 기초를 만들어 주는 것이다. 결국, 부모의 정서조절은 교사와 또래친구 그리고 타인과의 관계에도 영향이 있음을 알 수 있다.

Gottman과 그의 동료들(1997)의 연구에 의하면, 유아가 정서를 경험하는 상황에서 어머니는 유아의 정서에 대해 알려주고, 부정적 정서를 조절하는 구체적인 방법을 제시하는 것과 같은 부모의 행동은 유아들로 하여금 부정적 정서가 유발되는 상황에서 스스로 자신의 정서를 달래도록 하며, 유아의 정서조절 능력과 집중력을 증진시킨다. 다른 연구에서도 정서지도를 많이 하는 부모의 유아들은 생리적 측면에서 나타나는 정서적 반응성이 강도가 높지 않았으며, 정서가 유발되는 사회적 상황에서 자신의 정서를 효율적으로 잘 다루는 것을 알 수 있다(Eisenberg, 1998; 여은진, 2009, 재인용).

김경희(2013)의 〈어머니의 의사소통이 유아의 정서조절 능력에 미치는 영향〉에서 만 3~5세 유아와 어머니의 의사소통이 유아의 정서조절 능력에 영향을 미치는 것으로 나타났다. 따라서 어머니가 자녀와 부정적인 의사소통을 하는 것보다 긍정적으로 의사소통을 하는 것이 유아의 정서조절 능력을 높이는 데 중요하다는 것을 알 수 있다.

Lazarus와 Folkman(1984)에 의하면 어머니가 자녀양육을 하면서 느끼는 스트레스의 정도는 어머니 자신의 인지적·정서적 특성에 따라서 주관적으로 지각된다(유영주, 2013).

이예원(2015)은 〈유아의 기질 및 부정적 정서표현에 대한 모의 반응이 유아의 정서조절 능력에 미치는 영향〉을 만 4~6세 유아의 어머니를 대상으로 연구한 결과, 유아의 기질이 정서조절 능력에 미치는 영향으로 첫째, 기질의 하위요인인 규칙적 기질, 적응적 기질은 정서조절 능력의 하위요인인 적응적 정서조절, 부정 정서조절에 유의한 영향을 미치는 것으로 확인되었다. 둘째, 부정적 정서표현에 대한 모의 반응의 하위요인인 정서중심적 반응, 문제중심적 반응, 처벌적 반응이 적응적 정서조절에 유의한 영향을 미치는 것으로 나타났다. 또한, 부정적 정서표현에 대한 모의 반응의 하위요인인 문제중심적 반응, 처벌적 반응, 스트레스적 반응이 부정 정서조절에 유의한 영향을 미치는 것으로 확인되었다. 그리고 정적 정서표현에 대한 모의 반응은 유아의 정서조절 능력의 하위변인인 적응적 정서조절과 부정 정서조절에 대해서 유아의 기질 외에 추가적으로 독립적 영향력을 미치는 것으로 나타났다.

따라서 유아기의 부모가 유아를 양육하는 과정에서 다양한 스트레스나 정서표현 그리고 반응에 대하여 고스란히 자녀의 대인관계나 의사소통 그리고 친구와의 정서표현에 영향을 미친다는 것을 알 수 있다. 다음 사례를 살펴보자.

사례 1. 우리 아이 언어가 아이 답지 않아요

내담자 – 저희 아이는 5살인데 언어가 거칠어요.

상담자 – 어떤 언어를 사용하지요?

내담자 – 예를 들면, "죽을래? 살래?" 그래요. 어쩔 때는 "야, 임마!" 그래요. 기가 막혀요.

상담자 – 무엇이 기가 막히지요?

내담자 – 어쩔 때는 저를 째려보고, "미치겠네, 못살겠네." 하면서 화를 내거나 짜증을 내거든요.

상담자 – 주로 아이를 양육하는 분이 누구시지요?

내담자 – 저요. 거의 제가 돌보지요.

상담자 – 어린이집이나 유치원에는 보내지 않으시나요?

내담자 – 보내지요. 하지만 남은 시간은 거의 저와 지내요. 그런데 우리 아이가 언어를 어디서 배웠는지 주로 좋은 언어가 아닌, 짜증내는 언어를 저한테 어른이 하듯이 해요.

상담자 – 우리 어머니도 화가 나고 짜증날 때, 욕을 해본 적이 있나요?

내담자 – 당연하죠. 예. 한숨도 쉬고, 짜증도 내요. 아무도 없는 벽에다 대고 헛웃음을 치기도 하고, TV를 보면서 욕도 따라서 해요.

상담자 – 욕도 따라서 해요. 그럴 때 아기는 뭐하고 있나요?

내담자 – 함께 TV를 보고 웃기도 하고, 소리 지르기도 하고 한숨도 짓지요. 그럼 우리 아이가 혹시 저를 따라서 했을까요? 아휴, 창피해.

상담자 – 뭐가 창피하세요?

내담자 – 저를 보고 우리 아이가 나쁜 것만 배웠나 봐요. 아이들은 나쁜 것을 먼저 배운다고 들었는데, 이제부터 제 언어를 조심해야겠네요.

사례 2. 아이가 미워요

내담자 – 우리 아이가 미워졌어요. 아이를 미워하지 않고 원만해졌으면 좋겠어요.

상담자 – 언제부터 아이가 미워졌어요?

내담자 – 원래 처음부터 그런 것은 아니었어요. 둘째 아이를 낳고 산후조리를 마치고 집으로 돌아와서부터지요. 아이가 예전하고 달라졌어요. 이상해진 것 같아요.

상담자 – 무엇이 이상해진 것 같았지요?

내담자 – 손으로 저를 때리고, 울고 짜증을 내요. 아이를 부르면 반응이 없어요. "○○야."라고 몇 번이나 불러도 대답이 없어요. 이런 것들이 반복되다 보니까 언제부터인가 아이의 행동이 눈에 거슬리고 미워지기 시작했어요. 그래서 저도 아이와 똑같이 소리 지르고 짜증도 내요.

상담자 – 어머니가 보시는 아이는 어떤 아이라고 생각되시나요?

내담자 – 우리 아이는 성격이 좋아요. 그런데 엄마를 무서워하고 주눅이 들어 있고, 엄마에게 많은 것을 바라고, 같이 놀고 싶어해요. 그런데 저는 외롭고 우울해요.

상담자 – 외롭고 우울해요. 어떻게 하는 것이 외롭고 우울하지 않을까요?

내담자 – 남편이 퇴근해서 함께했으면 좋겠어요. 남편은 퇴근 후에 운동을 오랫동안 하고 늦게 집에 와요. 그때 저는 더 슬퍼지지요.

사례 3. 아이가 식당에서 물건을 깼어요

내담자 – 저 아이 때문에 어디를 못가요. 사람들도 만나지 못해요.

상담자 – 무엇 때문에 사람들도 만나지 못하나요?

내담자 – 식당에 가서 분명히 조용히 하라고 했음에도 불구하고, 얌전히 있지 못하고 뛰어다니다가 글쎄 식당에 있는 항아리를 깼어요. 밥 먹다말고 놀랬고 황당했지요.

상담자 – 그때 아이를 어떻게 하셨어요?

내담자 – 밖에 데리고 나와서 혼냈지요. 혼냈는데도 화가 풀리지 않아서 집에 데리고 와서 또 엄청 혼냈어요.

상담자 – 아이는 뭐라고 했어요?

내담자 – 그냥 울기만 하고, 잘못했다고 했어요. 평소에 그렇게 엄하게 교육하고 혼냈는데도 아직 아이라 그래서 이해를 못했는지…. 또 사고를 쳤으니 미치겠어요.

상담자 – 어떤 사고를 쳤어요?

내담자 – 모임이나 어디 식당에 가면, 우리 아이는 남자 아이라 그런지 마냥 뛰어다녀요. 그리고 말귀를 못 알아들어요. 혼내고 나서도 왠지 제가 화가 안 풀리고 짜증나고 분노해요. 혼내고 나서 아이를 용서한다고 하지만 마음이 편하지 않아요.

상담자 – 집에서 식사할 때, 아이는 어떻게 하지요?

내담자 – 저희 부부가 먼저 먹고, 아이는 자유롭게 둬요. 아이가 먹고 싶으면 그때 먹여요. TV도 보고, 뛰어 다니기도 해요. 집이라 편하게 두지만, 밖에는 많은 사람들이 있으니까 조심하라고 말하지요. 그런데 아무 소용이 없어요. 그러니 제가 감정이 올라오지요.

사례 1에서 유아기의 환경을 볼 수 있다. 유아기에는 환경에 대한 정서경험을 배우는 중요한 토대가 형성된다. 따라서 부모의 부정적이거나 긍정적인 정서상황에서 나타나는 정서표현들을 유아는 의미도 자세히 인지하지 못하고 따라 할 수 있다. 부모는 자녀와의 관계에서 자녀에 대한 긍정적인 의사소통과 정서표현이 필요하다. 따라서 부모나 양육자들은 긍정적인 정서표현을 할 수 있도록 정서조절의 연습과 환경을 조성할 수 있는 준비와 노력을 해야 한다.

사례 2에서 부모뿐만 아니라 자녀의 입장도 고려해야 한다. 자녀를 양육하는 어머니도 외롭고 우울하다는 정서경험을 하듯이, 자녀도 그동안 부모에게 관심과 사랑을 독차지하다가 어린 동생을 보았을 때, 사랑을 뺏겼다는 슬픔 그리고 외로움이 발생할 수도 있다. 따라서 퇴행의 행동도 나타난다. 손톱을 물어뜯거나, 동생을 때리거나, 대소변을 가렸음에도 불구하고 동생처럼 똑같이 대소변을 보기도 한다. 이때, 부모는 "언니인데, 형아인데, 왜 그랬어!"라고 윽박지르고 혼내고 때로는 매로 때리는 경우도 있다.

유아기는 인지적인 발달에서 대소변의 배변훈련 시기이며 자아도 발달하는 시기이다. 정서적으로도 부모와의 관계에서 주변에 관심을 보이고 관계를 형성하는 대상관계를 통해서 정서조절이 발달하게 된다. 부모와 자녀 모두 다 힘든 상황에서는 부모의 노력이 필요하다. 항상 집안에서 놀기보다는 집 근처의 놀이터를 이용하는 놀이활동과 가족여행 등을 통해서 서로 대화의 장을 만드는 것이 도움이 된다.

사례 2의 어머니뿐만 아니라 아버지도 함께 다양한 방법으로 노력하고 연습함으로써 가정에 웃음꽃이 피는 행복한 부모가 되었다. 그러므로 부모는 자녀의 연령에 따른 정서표현과 조절에도 관심을 가져야 한다.

사례 3에서 아이는 외향적인 성향으로 조용히 있는 것이 힘들다. 무언가 움직여야 하고, 표현해야 하고, 행동으로 먼저 표현하는 것이 아이의 성향이다. 그런데 부모는 가정에서는 자유롭게 훈육하고 밖에서는 엄격한 규율을 실천하라고 하는 것은 아이 성향에 맞는 정서조절이 아니며 다른 정서조절이 나오기는 어렵다. 만약 내향형의 아이라면, 가정에서나 밖의 식당에서도 부모와의 약속을 따를 것이다. 외향형의 아이는 움직이는 것을 좋아하고 내향형의 아이는 조용히 있는 것을 좋아한다. 그런데 자녀의 성향을 잘 모르고 무조건 화를 내고 정서를 조절하지 못하면, 아이 또한 부모를 이해하지 못하고 또 다른 행동으로 이어질 수 있다. 유아기 자녀는 양육자와의 관계형성에서 정서조절과 사회성이 형성된다. 따라서 부모는 자녀의 정서를 들여다보고 지혜로워야 한다.

4) 아동기 부모의 정서조절

아동기란 만 6~12세를 의미한다. 부모에 대한 신체적 · 심리적 의존상태에서 차츰 벗어나게 되는 시기이다. 이때는 비교적 정서적으로 안정된 시기로 정서적 통제와 분화된 정서표현이 가능하다. 사회적 관계 범위가 넓어지기 때문에 분노의 감정 표출 등을 통제할 수 있다. 그리고 정서를 표출하는 규칙에 대한 이해도 증가된다.

정서적인 면에서도 긍정적 또는 부정적 자아개념을 형성하기 시작한다. 자아개념이란 자신의 신체적 · 정서적 특성, 성별, 능력, 태도, 흥미, 가치관 등에 대하여 가지고 있는 개인적 생각을 의미한다. 성장함에 따라 자아개념은 더 상세해지고 복잡해진다. 유아기의 자아개념은 매우 구체적이어서 자신을 기술하라고 하면 보통 이름, 외모, 소유물, 매일의 행동과 같은 관찰 가능한 특징들을 포함해서 기술한다(장휘숙, 2001). 그러나 아동기에는 자신의 가치관, 사고, 정서상황 등의 추상적인 차원으로 자신을 기술하게 된다. 자아개념의 형성은 부모, 교사, 친구 등과 같은 중요한 타인과의 상호작용과 밀접한 관련이 있다. 학교에서의 성공이나 실패경험도 자아개념 형성에 중요한 영향을 미친다.

이 시기에는 활동 범위가 넓어지기 때문에 다양한 정서표현이 나타난다. 모방하기도 하고, 자신만의 독특한 정서표현도 가능하다. 혼자 활동하는 것보다 또래집단의 활동을 하기 때문에 빈번한 정서들이 나타나는데, 그중에서 분노의 정서도 발생한다.

김귀랑(2005)은 아동의 분노표현이 또래폭력 경험에 미치는 영향에 대해 알아보았다. 그 결과, 아동이 분노를 표현할 때 표현하는 방식에 따라 또래폭력 경험이 달라졌다. 특히, 분노표출과 분노억압을 많이 나타낼수록 또래폭력 경험과 관련이 많으며, 영향을 준다는 것을 알 수 있다.

이소영(2010)은 〈부모의 정서표현이 아동의 정서조절 전략에 미치는 영향〉의 연구에서 부모의 정서표현과 아동의 정서조절 전략과의 관계를 규명하여 부모의 정서표현이 아동의 정서조절 전략을 예측하게 하는 중요한 요인임을 밝혔다.

부모의 정서표현은 2가지 방법으로 측정할 수 있다. 첫째, 자녀와의 상호작용에서 부모의 정서표현 경향을 측정한다. 둘째, 가족 내에서 부모의 일반적인 정서표현 경향을 측정한다. 하지만 아동이 경험하는 부모의 정서표현은 아동과의 상호작용뿐만 아니라 부부간이나 타인과의 관계에서 표현되고, 자녀에게 전달되기에 '가족 내에서 보이는 비언어적 · 언어적 표현의 스타일'이라고 정의할 수 있다. 이러한 부모의 정서표현은 아동과 직접적으로 관련이 없는 상황에서도 나타나기에 부모의 정서표현 실험실 관찰보다 부모의 자기보고 방법이나 자녀의 자기보고 방법에 의존하여 측정하게 된다(김호정, 2001; 이소영, 2010, 재인용).

임연정(2015)은 〈아동이 지각한 부 · 모의 양육태도와 또래관계에서 정서조절 능력의 매개효과〉에서 초등학교 5~6학년 아동을 대상으로 아동이 지각한 부와 모의 양육태도를 연구하였다. 첫째, 온정 · 수용적으로 지각할수록 긍정적인 또래관계를 형성하는 것으로 나타났다. 반면 부와 모의 양육태도를 허용 · 방임적이고, 거부 · 제재적으로 지각할수록 또래관계 형성에 부정적인 영향을 미치는 것으로 확인되었다. 둘째, 부와 모의 양육태도는 정서조절 능력에 영향을 미치는 것으로 확인되었으며, 부와 모의 양육태도 중 온정 · 수용이 아동의 정서조절 능력을 발달시키는 요인으로, 허용 · 방임과 거부 · 제재가 정서조절 능력을 저해하는 요인으로 나타났다. 셋째, 정서조절 능력은 또래관계에 높은 수준의 유의한 영향을 미치는 것으로 나타났다. 넷째, 아동이 지각한 부·모의 양육태도와 또래 관계에서 정서조절 능력의 매개효과를 검증한 결과, 아동의 정서조절 능력은 양육태도 중 온정·수용, 거부·제재와 또래관계에서 완전 매개효과가 있는 것으로 나타났다. 즉, 부모의 양육에 따라 부모의 정서조절이 친구관계에도 영향을 미침을 알 수 있다.

정서조절은 아동이 자신의 정서적 상태를 감독하고 다양한 사회적 상황이나 요구에 순응하며 표현을 통제하는 과정으로 아동기에 형성된 정서조절 능력은 대인관계를 맺어나가고 유지하는 데 영향을 미친다(Eisenberg, Fabes, Shepard, Guthrie, Murphy & Reiser, 1999; 임연정, 2015, 재인용).

Eisenberg(1992)에 의하면 강압적이고 권위적인 어머니 밑에서 자란 아동은 정서 관련 표현을 많이 억제하기 때문에 동정적이고 슬픈 정서반응을 보이며, 자신의 정서를 처리하는 데 불안해한다. 이러한 아동은 타인의 정서를 이해하는 능력이 부족하여 바람직하지 않은 정서조절 전략을 사용하는 경향도 보인다(Denham, 1990; 남지현, 2013, 재인용).

Stegge & Terwogt(2007)는 정서의 인식과 조절에서 아이들이 정서의 핵심 과정과 정서조절 과정 사이의 상호작용을 돕기 위해서는 기초 지식이 필요하다고 하였다. 적절한 정서의 지식은 첫째, 구체적인 정서의 핵심 프로그램의 특성을 이해하는 것이다. 둘째, 이러한 프로그램들로 강한 영향을 줄 수 있는 조절 활동에 대한 지식을 구분하여 제시해야 한다. 셋째, 아이들로 하여금 정서 지도를 통하여 화가 나는 것은 어떤 상황에서 경험한 것인가를 현상학적 지식으로 배우도록 한다. 이를 통하여 정서를 파악하고 표현할 수 있는 정서반응 조절 또한 배워야 한다. 이는 아이들이 어려운 정서를 적절하게 조절할 수 있도록 해야 함을 나타내는 것이다. 즉, 정서조절은 아이들의 경우에 기초교육을 통한 정서조절에 대한 프로그램을 적용함으로써 적절하게 정서를 반응하고 조절하도록 지도해야 된다는 것이다.

조수현(2009)은 〈어머니의 양육행동과 아동의 자아존중감, 정서조절 방략 및 정서조절능력간의 경로모형〉에서 아동을 대상으로 연구하였다. 아동은 어머니의 애정적인 양육행동을 적게 지각할수록, 또한 권위주의적이고 통제적인 양육행동과 허용과 방임적인 양육행동을 많이 지각할수록, 자아존중감이 낮을수록, 정서표현 억제 방략을 많이 사용할수록 부적응적 정서조절을 더 많이 하는 것으로 나타났다. 반면에 어머니의 애정적인 양육행동을 많이 지각할수록, 권위주의적이고 통제적인 양육행동과 허용과 방임적인 양육행동을 적게 지각할수록, 아동의 자아존중감이 높을수록, 인지적 재해석 방략을 많이 사용할수록, 정서표현 억제 방략을 적게 사용할수록 적응적 정서조절을 더 많이 하는 것으로 나타났다. 이는 자녀 양육에 있어서 어머니의 정서조절 방략이 자녀로 하여금 일상생활에서 정서표현과 정서조절에 영향을 미치는 요인으로 작용함을 나타내는 것이다.

임희수(2001)는 〈아동의 기질, 어머니의 정서조절 및 양육행동과 아동의 정서조절 간의 관계〉에서 어머니의 긍정적인 양육행동 및 어머니의 정서조절, 긍정적인 아동의 기질이 긍정적인 아동의 정서조절과 관계가 있는 것으로 나타났다. 따라서 아동의 정서조절 능력이 아동 자신의 개인적인 특성뿐만 아니라 어머니의 바람직한 양육행동이나 정서조절 방식에 의해 많은 영향을 받는다는 것을 알 수 있다. 다음의 부모와 아동의 사례를 살펴보자.

사례 1. 초등학생이 갓난아기 흉내를 내요

내담자 – 우리 아이가 초등학생인데도 갓난아기 흉내를 내요.

상담자 – 어떻게 갓난아기 흉내를 낸다는 거지요?

내담자 – 학교를 다녀오면 "응애응애, 엄마."라고 달려오면서 제 젖가슴을 만져요. 징그러워 죽겠어요.

상담자 – 아이가 학교에 다녀오면, 엄마에게 어떻게 하면 좋겠어요?

내담자 – 당연히 "엄마, 학교에 다녀왔습니다."라고 씩씩하게 인사를 해야지요. 나이가 몇 살인데요.

상담자 – 아이 나이가 몇 살이지요?

내담자 – 이제 10살이지요.

상담자 – 다른 자녀들은 있으신가요?

내담자 – 있지요. 그 아이 위로 누나와 형이 있구요. 늦둥이로 낳은 3살 아이가 있어요.

상담자 – 그러면 자녀가 모두 4명이군요.

내담자 – 예, 4명이지요. 이 아이를 막내로 키우다가 늦둥이를 낳았어요.

상담자 – 그 전에는 아이가 막내였군요.

내담자 – 그렇지요. 그동안 나이에 맞게 잘 자라 주었는데, 막둥이를 낳고 제가 소홀하게 해준 것으로 느꼈는지, 언제부터인가 아기 흉내를 내고, 짜증을 부려요. 학교에서도 친구들과 잘 사귀지도 못하고 소심해졌어요.

사례 2. 아이가 길거리에서 마구 소리지르면서 다녀요

내담자 – 아이가 요즘 학교나 길거리에서 이상한 행동을 해요.

상담자 – 어떤 행동을 하지요?

내담자 – 예전에는 그렇지 않았는데, 학교에서 친구들과 잘 어울리지 못하고, 길을 걸으면서 소리를 크게 지르고, 무슨 노래인지는 몰라도 노래도 하고 그래요. 창피해 죽겠어요.

상담자 – 무엇이 창피하지요?

내담자 – 그냥 "야! 야!" 하면서 소리 지르니 지나가는 사람들이 쳐다 봐요. 너무 화가 나서 집에 데리고 와서 마구 뺨을 때렸어요. "왜 그랬냐?"라고 물으니까, 그냥 재미가 있어서 그랬데요. 그런데 이제는 동생도 함께 따라서 같이 해요. 막내는 애교가 있어서 하지 말라고 하면, 얼른 눈치를 채고 하지 않는데, 큰 애는 대책이 없어요. 혼내도 소용이 없어요. 아이도 답답한 무엇인가가 있나 봐요.

사례 1을 보면 아동기에는 심리사회적 발달에서 근면성과 열등감이 나타나는 시기로서 부모의 정서적인 역할도 중요하다. 가족구성원 간의 정체성, 자기정체성, 스스로 할 수 있다는 자신감을 키워주고, 칭찬해주는 관심과 배려하는 부모의 균형 잡힌 정서는 아동에게 골고루 긍정적인 영향을 미친다. 그러므로 아동기의 정서경험을 긍정적이고 능동적인 자기조절을 할 수 있는 능력으로 향상시키는 데 부모의 정서적 역할은 매우 중요하다.

사례 2에서는 다문화 가정 부모가 어려움을 호소한 사례이다. 다문화 자녀는 가정마다 상황이 다르지만 이 사례의 경우에는 어머니가 자녀와 의사소통이 능숙하지 못하기 때문에 어려움이 많다. 자녀는 자녀대로, 부모는 부모대로 자녀교육에 관해 힘든 경우가 많다. 특히 이 사례의 자녀는 유치원 과정에서는 친구관계에서 어려움이 없었지만, 학교에 들어가면서 친구들의 부모와의 만남 그리고 친구들과의 만남의 관계, 부모와 부모의 만남 속에서 나타나는 상황에서 많은 스트레스가 있었다. 이러한 상황에서는 부모와 자녀의 어려움이 무엇인지 집단상담과 개인상담도 병행해야 한다.

길거리에서 소리를 지른 이유는 집 안에만 있다가 밖에 나가니까 너무 좋아서 노래가 나왔다는 것이다. 그런데 부모가 그것도 모르고 혼냈을 때, 너무나 억울했다는 것이다. 아이는 상담 과정에서 많이 울면서 흐느꼈다. 아이는 울면서, "엄마는 백 년, 천 년이 지나도 한국말을 못할 거야."라고 소리치며 울었다. 부모들도 처음 보는 상황이라 놀라워했다. 참으로 안타까운 상황이다. 하지만, 아이는 이렇게 솔직하게 상담하면서 소리 내어 울고, 제 생각을 표현하니까 속이 시원하고 기분이 풀린다고 하였다. 다문화 가정의 부모가 문화와 환경이 다른 곳에서 자녀를 양육하는 것은 쉬운 일이 아니다. 하지만, 부모로서 자녀와 관계 형성을 통해 자녀의 정서조절에 대한 노력을 기울이는 것이, 훗날 건강하고 행복한 자녀로 성장할 수 있도록 동기를 부여하는 것이다.

5) 청소년기 부모의 정서조절

청소년기는 급속한 신체성장이나 성숙을 통해서 인지적 능력도 확대된다. 자신의 지각과 경험보다는 논리적 원리에 지배를 받기 때문에 추상적인 사고 등이 가능하다. 경험하지 못한 사건 등에서도 자신의 사고를 표현할 수도 있다. 또래집단 속에서도 친구들과 어울리면서 인정받기를 원하는 욕구가 있다. 하지만, 어떠한 욕구가 충족되지 못할 경우에는 부정적인 정서경험으로 인지되어 오히려 집단싸움이나, 폭행에 가담하기도 한다. 이 시기에는 또래집단의 긍정적인 경험과 부정적인 경험과 맞물려, 부모와의 관계에서도 많은 갈등이 발생하기도 한다.

오인경(2009)은 〈부모양육 행동과 행동억제 기질이 청소년의 사회불안에 미치는 영향〉의 연구 결과에서 청소년의 사회불안은 부정적 부모양육 행동, 행동억제 기질, 부적응적 정서조절 방략과 유의미한 정적 상관이 있는 것으로 나타났다. 부모양육 행동과 사회불안의 관계에서 정서조절 방략의 매개효과를 알아본 결과, 정서조절 방략은 부모양육 행동과 사회불안의 관계를 부분 매개하는 것으로 나타났다. 행동억제 기질과 사회불안의 관계에서 정서조절 방략의 매개효과를 알아본 결과 유의미한 매개효과를 보이지는 않았다. 따라서 부모양육 행동은 사회불안에 직접적으로 영향을 주고 있음을 알 수 있다.

조은혜(2015)는 〈부모의 정서조절 곤란과 청소년의 정서조절 곤란의 관계: 부모의 정서무효화의 역할〉에서 아버지의 정서조절 곤란과 딸의 정서조절 곤란의 관계에서 아버지의 정서무효화를 통해 정서조절 곤란이 전이되는 기제를 확인하였다. 따라서 부녀지간의 정서사회화 과정의 중요성이 시사되며, 정서무효화의 역할을 밝힘으로써 앞으로 아버지의 양육의 개입에 대한 방향을 제공해 줄 수 있다고 보았다.

이세련(2015)은 청소년을 대상으로 〈청소년 부모애착과 우울의 관계에서 정서조절 양식의 매개효과〉의 연구에서 부모애착이 낮은 청소년 내담자를 상담할 경우 정서조절을 매개로 우울을 경감하려는 시도에만 국한하지 말고 애착을 직접적으로 변화시키는 것이 적합할 수 있으며, 청소년의 부모애착 수준에 따라 구체적으로 우울을 경감시킬 수 있는 다른 상담적 접근이 필요함을 시사하였다.

문수이(2015)는 〈청소년의 부모애착과 학교적응의 관계에서 정서조절양식의 매개효과〉의 연구에서 청소년의 모애착과 부애착은 학교적응을 유의하게 예측하였다. 청소년의 모애착은 능동적 양식, 지지추구적 양식을 유의하게 예측하고, 부애착은 능동적 양식만을 유의하게 예측하였다. 능동적 양식, 회피·분산적 양식, 지지추구 양식은 학교적응을 유의하게 예측하였다. 모애착과 학교적응의 관계는 능동적 양식, 지지추구 양식에 의하여 부분 매개 되었다. 따라서 청소년의 정서조절은 부모애착과도 연관이 있음을 알 수 있다.

Montmayor(1983)과 김태옥(2011)은 부모-자녀 갈등은 청소년과 부모가 서로 다른 의견을 가지고 논쟁하기도 하며, 폭력을 행하기도 하는 상황이라고 정의하였다.

갈등의 원인은 첫째, 청소년기에는 자율성 추구의 욕구가 증가하는데, 부모가 아동기와 동일하게 자녀에 대한 통제를 지속하고자 할 경우 청소년 자녀가 이를 불편하게 여기고 거부하게 되면서 발생한다.

둘째, 청소년기는 형식적 사고를 하는 시기로 부모의 권위와 통제, 가치, 규칙에 대해 의문을 제기하게 되고, 이상화된 현실과 부모의 역할, 태도 등을 추구하기 때문에 갈등이 발생할 수 있다.

셋째, 이 시기는 청소년 자녀가 발달 단계상 나타나는 여러 가지 급격한 변화로 인해 어려움을 경험하는 동시에 청소년 자녀를 둔 부모도 인생의 제2의 사춘기라고 할 수 있는 중년기에 해당하는 시기이다. 이 시기에 부모들은 신체적 감퇴와 갱년기 등의 신체적 변화를 겪고, 노부모 봉양과 부모 역할 등의 다중적인 역할 갈등을 많이 경험하게 된다.

넷째, 부모가 청소년기의 특징이나 이들의 문화에 대한 지식, 이해, 교육 등의 부족으로 청소년 자녀가 형성한 하위문화를 받아들이기 힘들며, 성장배경과 역사적 경험의 차이에서 오는 가치관의 차이나 요구를 수용하기 어렵기 때문이다.

다섯째, 부모의 원활하지 못한 관계나 갈등, 중년기의 낮은 결혼 만족도 등 부부관계의 부정적인 측면이 청소년 자녀와 부모간의 갈등을 촉발할 수 있다(김태옥, 2011).

박경남(2014)은 〈부모지지가 청소년의 학교생활적응에 미치는 영향〉의 연구에서 청소년의 학교생활 적응은 부모지지, 자아요인(자아존중감, 자기효능감), 정서조절이 개별적으로 직접적인 영향을 미치는 것뿐만 아니라, 부모지지가 자아존중감, 자기효능감, 정서조절과 같은 개인 내적인 자원을 매개로 하여 영향을 미치는 간접적인 영향력도 의미 있게 존재한다는 것을 알 수 있다. 즉, 청소년에게 있어 풍성한 부모지지(정서적, 정보적, 경제적)는 자신에 대한 믿음과 자신감을 이끌어 내게 되며, 정서조절에도 영향을 미치게 되어 원만한 학교생활 적응을 이루어 나가게 된다는 것을 밝혔다.

Bowlby(1988)에 의하면 부모는 청소년기에도 여전히 '안전 기지(secure base)'로 남아 있어, 청소년이 위협이나 질병으로 고통받을 때 다시 애착체계가 활성화된다고 하였다. 한편, 청소년기에 격동의 시기를 보내는 것은 청소년이 획득해야 할 복잡한 분리와 재애착의 과정에서 연유한 것으로, 청소년기에는 부모와의 애착관계에서 유리되어 또래와 애착관계, 특히 이성과의 협력관계를 추구하는 발달상의 변화를 보인다(Ainsworth, 1989; 홍미정, 2014, 재인용).

즉, 청소년기에는 부모와 자녀의 관계형성에서 나타나는 불협화음이 가장 많이 발생하는 것을 알 수 있다.

사례 1. 집에 들어가기가 싫어요

내담자 – 내가 왜 여기에 왔는지 모르겠어요.

상담자 – 나도 네가 왜 여기에 왔는지 모르겠구나. 이 무더운 날씨에 오느라 수고가 많았겠다. 힘들지?

내담자 – 예. 힘들어요. 날씨가 더워서 힘들어요. 짜증 나요.

상담자 – 나도 날씨가 너무 더워서 짜증 난다. 그래도 이렇게 산다.

내담자 – 선생님도 짜증 나요?

상담자 – 그래. 나도 짜증 난다. 하지만 ○○친구 같은 짜증은 아니겠지요.

내담자 – 사실 저는요. 집에 들어가기가 싫어요.

상담자 – 집에 들어가기가 싫어?

내담자 – 그냥요.

상담자 – 나도 집에 들어가기가 싫을 때가 있어.

내담자 – 왜요?

상담자 – 더워서.

내담자 – 하하하! 선생님도요.

상담자 – 그래, 정말 더워서 그래. 이 시원한 상담실에 계속 우리 친구와 이야기하고 싶구나.

내담자 – 사실 집에 가면, 엄마하고 대화하기 싫어서 짜증이 나요.

상담자 – 엄마하고 대화하기 싫어서 집에 들어가기가 싫었구나?

내담자 – 엄마하고 대화를 하면, 말이 안 통해요. 답답해요. 제 마음을 알아주지도 않고….

상담자 – 그렇구나. 힘들겠구나.

내담자 – 옛날에는 엄마 말씀에 무조건 순종했어요. 하지만 지금은 아니에요.

상담자 – 옛날이 언제인데?

내담자 – 어릴 때요. 초등학교요. 지금은 고등학생이잖아요. 그런데도 엄마는 나를 아기 취급해요. 내 말을 말같이 안 들어요. 무조건 명령이에요. 짜증 나요.

사례 2. 우리 아이 언어가 잘못된 것 같아요

내담자 – 어릴 때 고분고분 말도 잘 듣던 아이가 사춘기가 되더니, 제가 친구인지 알아요.

상담자 – 어떤 것이 친구 같은 행동이라고 보시지요?

내담자 – 언젠가 싸움이 났는데, 저와 함께 소리 지르며 육박전을 벌였어요. 너무 화가 나서 아이의 머리채를 잡고 혼내니까 아이도 저에게 똑같은 행동을 했어요. 기가 막혔어요. 이제 우리 아이는 옛날 아이가 아닌 것 같아요. 어쩌다 이렇게 되었는지 모르겠어요.

상담자 – 아이가 어렸을 때에는 누가 양육했나요?

내담자 – 저희 부부가 직장을 다니니까, 주위 어른들이 양육했어요. 어쩔 수가 없었어요. 어릴 때는 엄청 예뻤는데…. 아이의 버릇없는 언어가 잘못된 것 같아요.

상담자 – 어떤 언어가요?

내담자 – 어릴 때, 아이를 마음껏 사랑해주지 못해서 사랑표현을 많이 하려고 생각했지요. 그래서 아이에게 다가가서 "아유! 내 새끼!"하면서 "우리 ○○○." 하면서 칭찬했죠. 그런데 아이가 뭐라고 했는 줄 아세요?

상담자 – 뭐라고 했어요?

내담자 – "병신 놀고 있네."라고 했어요. 너무 기가 막혔어요. 그동안 잘못된 교육을 했다는 것이 뼈저리게 피부에 와 닿았어요.

상담자 – 어떤 부모가 되길 원하세요?

내담자 – 좋은 엄마, 좋은 부모가 되고 싶어요. 우리 아이 행동이 건강해지기를 원해요.

사례 1에서 청소년의 정서조절을 엿볼 수 있다. 청소년기의 발달 단계에서 가장 정서조절에 위험성이 있는 시기는 중학생 시기이다. 감정의 격분 속에서 조절되기가 어렵다. 이때 제2의 사춘기에 속하는 부모와의 충동에서 가족의 정서는 온전하지 못하다. 자칫 부모와 자녀의 대립 속에 아버지와 어머니의 교육방법의 차이 그리고 정서의 차이에 의해서 충돌발생이 심해질 수 있다. 그러다 보면, 가족구성원이 해체되는 경우도 있다. 자녀가 고등학생일 때에는 힘으로 양육해서는 안 된다. 억압된 환경에서 성장한 자녀는 청소년기에 이탈 행동과 부정적인 정서조절을 하는 경우가 많다. 청소년기 자녀를 둔 부모는 정서조절에 있어서 자녀의 어려운 문제들을 경청하는 연습이 좀 더 필요하다. 부모-자녀의 균형 잡힌 소통과 관계에서 건강한 자녀의 정서조절이 나올 수 있다.

사례 2에서 청소년기의 정서표현을 엿볼 수 있다. 청소년기 전기에는 대부분 기복이 심하고 감정과 표현이 과격하다. 또한, 수치심을 강하게 느끼는 경험도 한다. 사례를 보면 부모는 자녀의 언어표현과 행동을 통해서 놀란 것을 알 수 있다. 하지만, 자녀와 별도로 상담을 진행하는 과정에서는 부모 못지 않게 부정적인 정서경험으로 가득하였다. 부모의 부정적인 정서는 자녀에게 고스란히 전해지기도 한다. 청소년기의 정서조절 기복이 심한 경우에는 부모-자녀관계에서 부정적인 언어부터 시작하여 부정적인 행동도 동반하고 자칫 큰 대형 사고로 이어지기도 한다. 이 사례에서는 장기상담을 통하여 치료과정을 거쳤다.

직장을 다니면서 직접적인 양육을 하지 못하고, 타인을 통한 양육과정에서 자녀는 부모와 양육자들로 하여금 다양한 정서경험을 하게 된다. 수년 동안 쌓아둔 부정적인 정서경험들은 자녀가 살아가면서 삶에 영향을 미친다. 따라서 지속적인 관심과 사랑으로 부모와 자녀는 개인상담과 부모-자녀의 상담을 받고 서로 자신을 찾아가는 치유의 과정을 거쳐 회복될 수 있다.

6) 청년기 부모 정서조절

건강한 신체적 상태를 유지하므로 활기, 힘, 건강이 최고수준에 달한다. 부모에게서 독립할 준비와 성 역할에 대한 정체감, 직업 준비 등을 한다. 또한, 결혼에 대한 적응과 자녀의 출산, 양육 등을 고민하며 다양한 정서적 문제가 발생한다.

오늘날의 청년들은 전 세대의 청년들에 비해 더 많은 요구와 기대, 그리고 유혹과 위험에 처해 있다. 그러나 청년기가 스트레스가 많고 혼란스러운 시기라는 고정관념과는 달리, 대부분의 청년들은 성인기로 무난히 옮겨가는 편이다. 그리고 많은 청년들이 이 전환기를 신체 발달, 인지 발달, 사회성 발달을 위한 도전과 기회로 생각한다.

많은 청년들이 부모로부터 독립하고 싶어하는 동시에 자신이 실제로 얼마나 부모에게 의존하고 있는지를 깨달으면서 끊임없이 갈등을 느낀다. 청년의 이러한 양면적인 느낌은 종종 부모 자신의 양면성과 일치한다. 자녀가 독립하기를 원하는 동시에 그들이 계속해서 의존해주기를 바라기 때문에 부모들은 종종 십대 자녀들에게 '이중적인 메시지'를 전달한다.

일반적으로 부모와 청년자녀 간의 갈등은 사춘기의 시작과 청년 초기에 더불어 증가한다(Weng & Montemayor, 1997).

박유경(2009)은 대학생을 대상으로 하여 〈자녀의 부정적 정서에 대한 부모 반응과 자녀의 정서조절 방략의 관계〉의 연구에서 부모의 지지적 반응은 자녀의 재해석 방략에 유의미한 영향을 미쳤고, 부모의 비지지적 반응은 자녀의 억제 방략에 유의미한 영향을 미쳤다는 것을 이야기하고 있다. 이는 부모의 정서관련 사회화 행동변인은 자녀의 정서조절 방략에 영향을 미치는 것이라 볼 수 있다.

Shaver & Mikulincer(2007)은 정서조절을 성인애착 방략으로 본다. 불안정한 애착의 주요 범위는 이전의 애착 관계에서 고통스러운 경험이 관련되어 있다고 보았다. 우울감이 있는 성인의 관계유지를 위한 방법으로 부모 한 명 또는 두

명 모두 애착표현의 시작이 필요하다고 하였다.

또한, 부정적인 정서표현은 오히려 악영향을 끼치게 된다. 회피하는 사람들은 어려운 문제에 있어 평가와 노력을 하지 않으며, 부정적인 정서가 높다. 그리고 정서를 억압하고 부인하기도 한다. 이러한 요인들은 타인과의 관계형성을 깨뜨리고 오히려 이기심을 증가시키게 된다.

따라서 성인애착 이론에 기초한 연구는 정서조절 기능장애에 대한 치료방법을 제안하고 삶과 관계의 향상에 기여해야 한다고 보았다. 즉, 정서조절은 부정적인 정서가 높을 때 성인애착에도 좋지 않은 영향을 미치게 된다.

이현경(2009)은 〈대학생이 지각한 부모-자녀 의사소통 및 애착과 사회관계 성향과의 관계: 정서지능을 매개로〉의 연구에서 첫째, 부모-자녀 의사소통, 애착회피, 정서지능, 사회관계 성향(동정-수용적, 사교-우호적)간의 관계는 유의미한 상관이 있었고, 반면 애착불안은 사회관계 성향과는 유의한 상관을 갖고 있지 않았다. 둘째, 정서지능은 부모-자녀 의사소통이 사회관계 성향, 사교-우호적 성향에 미치는 영향을 애착회피가 동정-수용적 성향에 미치는 영향으로 매개하였다. 이는 부모-자녀 의사소통과 사회관계 성향, 사교-우호적 성향의 관계에서 정서시능의 개입이 효과적임을 시사한다.

청년기에는 부모와 자녀의 갈등은 상당이 많이 발생한다. 더군다나 요즈음 같은 취업이 어렵고 자녀가 부모로부터 독립준비가 늦어지는 세대에서 부모와 자녀의 정서적인 문제는 상당이 많이 발생한다. 다음 사례를 살펴보자.

사례 1. 우리 아이가 변했어요

내담자 – 이런 일로 방문해서 부끄럽네요.

상담자 – 무슨 일이 그렇게 부끄럽게 느껴지시는지요?

내담자 – 글쎄 말이에요. 한 번도 이런 이야기를 한 적이 없었는데….

상담자 – 그러시군요. 그 누구에게 한 번도 말씀해본 적이 없으셨는데, 이곳에 방문해서 자녀에 대한 상담을 하시는 것은 쉬운 일이 아니지요. 방문하신 용기를 칭찬하고 싶네요.

내담자 – 고맙습니다. 우리 아이가 참으로 똑똑해요. 영리한 아이지요.

상담자 – 아휴! 그러시군요. 부모님께서 그렇게 똑똑하고 영리한 자녀로 양육하셨군요. 그런데 어떤 일이 그렇게 부끄러우세요?

내담자 – 세상에, 우리 아이에게 여자 친구가 생겼어요!

상담자 – 여자 친구가 생겼어요? 몇 살인데요?

내담자 – 이제 28살이지요.

상담자 – 여자 친구가 생겼다는 것이 부끄러운 일인가요?

내담자 – 저는 우리 아이가 저와 좀 더 함께 살다가 결하길 바랬지요. 이 녀석이 어릴 때부터 아주 착한 아이에다가 공부도 잘하고, 아주 모범생이고 부모 밖에 몰랐는데, 여자 친구가 생기더니 이제는 부모도 몰라 봐요. 싸가지가 없어요.

저희 집이 가문 좋은 집안인데, 어디 가서 하소연할 데도 없고 창피해서 고민고민하다가, 누가 이곳을 이야기하더라구요. 그래서 어떻게 하면 좋을까 답을 찾으러 용기를 내서 왔어요.

상담자 – 잘 오셨어요. 우리 부모님 같은 고민을 어느 부모님이나 대부분 다 하신답니다. 저도 마찬가지입니다. 하지만, 이런 고민들 때문에 혼자 속앓이를 하다 보면, 육체적, 정신적으로 질병이 발생할 수도 있어요. 잘 오셨어요.

내담자 – 그렇지 않아도 지금 마음이 많이 아프고, 머리도 아파요. 약을 엄청 먹고 있어요.

사례 2. 우리 아이는 화가 나면 몸을 긁어서 상처를 내요

내담자 – 우리 아이는 화가 나거나 짜증이 나면, 자기 몸을 마구 긁어대요. 다리나 팔을 긁어서 상처가 나고 피도 나요.

상담자 – 무엇 때문에 긁으냐고 물어 보셨어요?

내담자 – 당연하지요. 물어보았지요. 열 받아서 그렇대요. 그런데 이 아이는 한숨을 푹 쉬고 몸을 마구 긁는거에요. 제가 없을 때는 주먹으로 벽을 치기도 했대요.

상담자 – 주먹으로 벽도 쳤어요?

내담자 – 아이가 그래요.

상담자 – 지금 부모님이 자녀로 인해 겪는 가장 힘든 고민은 무엇인가요?

내담자 – 당연히 우리 아이가 고생하지 않고, 무리없이 편하게 결혼도 하고 가정도 꾸렸으면 좋겠어요. 그래서 우리 부부는 아이에게 이말 저말을 해주지요. 그런데 아이는 그때마다 "나는 힘들어요." 그러지요. "네가 무엇이 힘드니?"라고 물어보면 아이는 "힘들어요." 라고 대답해요.

상담자 – 부모님께서 보실 때, 자녀분이 아무 걱정이 없을 것 같은데, 자녀는 힘들다고 하는 것이군요. 그런데 무엇 때문에 힘들다고 할까요?

내담자 – 당연히 부모가 시시콜콜 간섭한다고 하겠지요. 부모는 잘 되라고 하는 것인데, 아이는 잔소리로 들리는 거지요. 부모 말을 들어야 고생이 없을텐데….

사례 1에서 청년기 자녀를 둔 부모와 자녀가 겪는 갈등을 볼 수 있다. 이때는 직장도 갖고 부모의 품을 떠나 결혼을 준비하는 시기로, 이 사례는 대부분 나타나는 부모–자녀 문제이다. 그런데 종종 부모는 자녀가 청년기가 되어도 계속 품에 가두어 두는 애착형성을 갖기 원한다. 청년기의 부모애착은 부모로부터 독립을 통하여 이성과의 애착형성으로 가는 과정이다. 하지만, 부모–자녀 관계에서 어느 한쪽의 애착형성이 집착으로 이루어지면, 반면에 다른 한쪽이 억울함이나 분노 그리고 우울과 공격성의 정서를 표현하기도 한다. 이러한 사례에서는 부모와 자녀가 자신을 탐색하는 과정을 통해서 건강한 정서를 회복하는 것이 필요하다. 또한, 부모는 자녀가 부모로부터의 건강한 독립을 하는 과정에서 빈둥지증후군을 수용할 수 있는 노력이 필요하다.

사례 2에서 부모는 외동 자녀를 두었다. 부모 입장에서 자녀를 귀하게 생각하며, 자녀의 일상생활에 세세히 관심을 가진다. 하지만, 자녀는 부모의 관심이 불편하고 귀찮다. 그냥 바라만 봐주면 될 텐데, 너무 어린아이 대하듯 잔소리를 많이 하니까 숨이 막힌다고 한다. 정말 머리라도 삭발하고 싶다고 한다. 다행히 청년기 자녀는 자신의 정서를 객관적으로 바라보려는 노력하였다. 학교에서도 대인관계가 원만하여 이러한 부모–자녀 관계를 표현함으로써 친구들을 통하여 서로 공감하기도 한다. 또한, 상담과정에서도 부모가 자신에게 주는 관심이 무엇으로부터 시발점이 되었는지도 이해함으로써 자신의 몸을 긁은 행동을 줄여나갔다.

몸을 피가 나도록 긁는 것은 어떠한 위험한 도구를 들지 않았을 뿐이지 자신 스스로가 몸을 학대하는 것이다. 부모 또한 자녀에게 적절한 관심을 주도록 노력하였다. 부모-자녀 관계는 의심이 아닌 믿음과 신뢰가 있어야 한다. 청년기 자녀가 되었음에도 불구하고 부모가 자녀를 믿지 못하면, 자녀 또한 부모를 신뢰하지 못할 것이다. 그러므로 부모와 자녀는 건강한 안정상태를 유지해야 한다.

2 영유아 상호작용과 정서조절

영유아기 발달 단계에서 중요한 것은 부모 또는 주양육자와 자녀의 상호작용이며 정서발달은 정서조절에도 중요한 영향을 미친다. 상호작용(相互作用)이란 사전적 의미로 둘 이상의 물체나 대상이 서로 영향을 주고받는 일종의 행동을 의미한다. 한쪽 방향으로 영향이 나타나는 인과관계와는 달리 양쪽 방향으로 영향이 나타나야 한다. 다시 말하면, 상대방의 행동에 의해 행동이나 반응을 바꾸는 개인 또는 그룹 사이의 사회적 행동의 동적인 변화 과정을 나타낸다. 사회적 상호작용은 사회관계의 기본을 형성한다. 즉, 상호작용은 사람과 사람, 나와 너의 관계에서 소통이다. 양육자와 자녀 간의 관계에서 주고받는 하나의 장이라고 할 수 있다.

영유아기 정서발달에서 자녀는 상호작용을 하기 위해 양육자나 대상을 통해서 다양한 정서를 통한 상호작용을 한다. 예를 들면, 웃기, 울기, 큰 소리로 소리치기, 쳐다보기 등의 반응을 한다. 부모는 이러한 반응에 대하여 어떻게 상호작용을 하느냐에 따라서 자녀는 긍정적 정서와 부정적 정서가 형성되고 발달하기 시작한다. 부모는 자녀의 다양한 정서 표현과 반응을 통한 상호작용을 원하지만, 때로는 자녀가 양육자의 정서에 따라서 반응하는 경우가 있다.

영유아기 부보와 자녀 간의 상호작용은 점차적으로 확장되어 간다. 그리고 또래와 또는 교육기관 그리고 성장하면서 사회화의 활동과 관계에 영향을 미친다. 따라서 정서발달은 자신의 정서를 상황에 따라서 조절하고 타인과의 관계형성을 할 수 있는 능력도 발달하는 것이다. 그리고 상호작용도 한다. 부모와 자녀 간에 상호작용할 수 있는 것은 다양하게 접근할 수 있다. 가정과 일상생활에서 사용하는 재료들을 응용할 수 있다. 미술, 독서, 놀이, 음악 등을 매체와 도구들을 이용할 수 있다. 예를 들어, 미술과 관련해서는 부모와 자녀가 다양한 도구를 사용할 수 있다. 신문지, 잡지, 찰흙, 지점토, 밀가루, 소금, 크레파스, 물감, 연필 등이다. 미술매체는 부모와 자녀 간의 비언어적 그리고 언어적인 의사소통을 통하여 상호작용을 할 수 있다. 부모는 자녀의 정서, 자녀는 부모의 정서가 반응이 나타난다. 그리고 생각, 느낌 등을 자연스럽게 표현할 수 있다. 또한, 잡지를 이용해서 그림을 찢고, 붙이는 과정과 그림을 통해서 상호작용이 이루어진다.

독서를 이용해서 부모자녀 간의 상호작용이 나타난다. 독서는 자녀로 하여금 긍정적인 자아개념을 발달시키고, 자아존중감과 자신의 가치를 인식시키며 정서를 이해하고 표현하는 방법들을 습득하게 된다. 또한, 상대방의 감정도 이해하고 수용하는 법을 배운다. 피아제오 콜버그에 의하면 자기중심적인 2~6세의 영유아기는 도덕성이 발달하는 시기라고 하였다. 독서는 도덕적인 행동도 습득하게 하는 동기를 마련해준다. 글을 잘 모르는 시기이기 때문에 처음부터 많은 글의 내용을 선택하는 것보다는 글의 내용은 적고, 그림이 있는 책들을 이용하는 것이 도움된다.

놀이를 통해서도 부모–자녀 간의 상호작용이 이루어진다. 놀이는 장남감뿐만 아니라 자연에서 접할 수 있는 나무, 흙, 꽃, 모래 또는 신문지 등의 일상생활에서 자주 접하는 것을 사용하는 것도 좋다. 음악을 통해서도 다양한 상호작용이 나타난다. 종종 어떤 부모는 TV만 틀어놓고 아이의 노래와 춤을 바라보고 마냥 웃고 행복해하는 경우도 있다. 하지만, 부모가 자녀와 함께 가사를 따라서 부르는 것도 자녀의 정서를 들여다볼 수 있는 동기가 되며, 나아가 정서표현과 반응을 관찰할 수 있다. 따라서 부모와 자녀 간에 상호작용을 할 수 있는 도구는 가정이나 자연에서 얼마든지 비용이 들지 않고도 이용할 수 있다. 하지만 오늘날 부모는 하루 종일 주양육자의 입장이 되지 못하고 일과 자녀양육을 병행하기도 한다. 모든 부모가 해당되는 것은 아니지만, 주양육자가 어머니 또는 교육기관인 어린이집이나 유치원의 교사가 되는 경우도 있다.

사례 1. 집에 아이들이 오면, 집에 가지말라고 울면서 붙잡는 아이

아이는 집에 또래 친구나 아이들이 방문하면 엄청 좋아한다. 이방 저방을 데리고 다니면서 장난감 놀이를 함께 하기를 원한다.
어느정도 놀고 나서 방문한 아이가 집에 돌아갈 경우, 가지 말라고 울면서 때리고, 소리 지르고 붙잡는다. 때로는 현관문을 열지 말라고 현관을 막아 선다.

사례 2. 아이는 놀이터에 한 번 나가면, 집에 들어가는 것을 싫어해요

아이는 놀이터를 좋아하는 어린이다. 아이는 놀이터의 다양한 기구를 만지고, 타고 놀기도 하고, 놀이터의 모래를 던지고 쌓으며, 즐겁게 소리지르며 놀이를 한다. 부모는 아이의 노는 모습을 바라만 보았다. 집에 들어가자고 하면, 도망치면서 운다. 부모는 우는 아이를 데리고 집으로 들어간다.

위의 사례 1에서 아이의 부모는 가정에서 부업을 한다. 부모는 아이가 외동이고 소중한 아이라고 생각하지만, 충분한 상호작용을 하지 못하고 있다. 한 명의 자녀라 나름대로 자녀교육에는 자신 있다고 생각하지만, 아이가 상대방의 정서를 들여다보지도 않고 일방적으로 집에 가지 말라고 소리 지르고 울 때는 당황하게 된다. 부모의 일상생활에서 자녀와의 상호작용을 살펴보니, 주로 부모의 감정에 따라서 일방적인 의사소통을 해왔음을 발견하였다.

예를 들면, "엄마, 이것 조금만 하고 있다가 놀아줄게."라고 매번 반복적으로 약속하였지만, 온종일 자녀는 집안에서 혼자 장난감 놀이를 하거나 방문한 아이들과 잠깐씩 간단한 의사소통만 하였다. "형아, 이것 봐.", "언니 놀자." 등의 언어뿐이다. 부모도 온종일 일을 한 터라 저녁이 되면 피곤해서 자녀와의 약속을 지키지 못하고 취침하게 된다. 이러한 생활은 자녀가 주양육자인 어머니와의 관계에서 충분한 상호작용이 이루어지지 못한다. 일하는 부모는 긴 시간이 아니라 짧은 시간을 이용해서라도 자녀와 충분한 상호작용을 통해 공감과 수용이 진솔하게 이루어져야 한다. 이때 자녀는 부모를 믿는 신뢰감이 형성된다.

이순선(2015)은 영아들을 대상으로 〈자연친화적 산책활동 프로그램이 영아의 그림표현력과 정서지능 및 또래상호작용에 미치는 효과〉에서 실험집단 14명과 비교집단 14명을 대상으로 연구한 결과, 자연친화적 산책활동 프로그램이 또래 상호작용에 영향을 주는 것으로 나타났다. 즉, 부모와 상호작용은 또래 상호작용 및 나아가서 다양한 타인의 관계 그리고 정서적인 면이나 정서조절에도 영향을 주는 것이다. 특히 위의 사례에서 아이들이 방문해서 노는 동안 자녀는 울지 않았지만, 아이들이 집을 나설 때, 현관문에서 울면서 가지말라고 소리친 것은 주양육자인 어머니가 집에 있음에도 불구하고 불안정한 애착관계가 형성되었음을 알 수 있다. 그러므로 부모는 자녀의 정서표현을 민감하게 반응함으로써 부모자녀 간의 즉각적인 상호작용이 이루어질 수 있다. "조금 있다가.", "한 시간 후에…." 등의 표현은 자녀에게 불안한 정서로 반응하는 조절로 나타날 수 있다. 또한, 부모가 자녀와의 약속을 계속 미루고 실행하지 않을 경우 자녀는 부모에 대한 믿음과 신뢰가 형성되지 못한다. 그리고 이러한 믿음은 타인과의 상호작용에도 부정적인 영향을 미치며 부정적인 정서조절로 이어진다. 예를 들면, 어떤 상황에서 말로 표현하지 못하고 악을 쓰거나, 울면서 떼를 쓰거나, 주양육자를 꼬집거나, 쌍스러운 욕을 따라서 하거나 등의 공격적인 행동들도 나타난다.

사례 2에서는 일상생활에서 부모는 아이가 다칠까 봐 바깥놀이를 거의 하지 않는다. 야외활동도 하지 않는다. 거의 집 안에서 아이를 돌보고 있다. 영유아기 정서발달에서는 주변환경이 중요하다. 특히, 놀이터나 공원 그리고 자연 속에서 많은 것을 접하면서 상상과 정서표현 등을 통해서 주양육자와 또는 타인과의 관계에서 상호작용을 하게 된다. 자연 속에서도 얼마든지 자녀는 상상의 날개를 펼 수 있다. 예를 들면, 아이는 잠자리를 보고 따라서 날갯짓하며 날아다니는 행동을 한다. 매미를 만지면서 매미의 소리에 귀를 쫑긋하고 신기해한다. 개구리, 메뚜기 같은 여러 가지 동물과 풀 그리고 곡식과 채소 등을 통해서 상상력도 풍부해지고 정서표현도 다양해진다.

위의 사례에서는 주양육자인 어머니는 집 안에서 자녀와 함께 오랫동안 소통한다고 하였지만, 진솔한 상호작용이 이루어지지 않았다. 자녀는 주로 TV를 보고, 혼자 놀며 춤을 추고, 언어를 배운 뒤 혼자만의 언어를 하였다. 그 모습을 본 부모는 마냥 '아이가 건강하게 자라주고 있구나.'라고 생각한 것이다. 하지만 TV 등의 대중매체를 영유아기 자녀가 혼자 지속적으로 볼 경우에는 자칫 폭력적인 행동이나 언어가 나오게 될 때 그 상황을 학습할 수도 있다. TV는 부모와 함께 대화를 하면서 함께 상호작용을 하며 볼 때 의미가 있다. 그 상황에서 자녀가 어떠한 내용을 보고 자신의 생각이나 느낌을 정서로 표현하는 것을 통해 부모는 자녀의 반응을 알아차릴 수 있다.

자녀가 건강하게 성장하기 위해서는 상호작용이 충분히 이루어져야 하며, 정서는 부모, 또래, 교육기관, 자연과 다양한 매체를 통해서 발달한다. 이러한 정서는 긍정적이고 능동적인 정서조절에도 영향을 줄 수 있다. 따라서 자녀의 일상생활에서 충분한 놀이와 정서표현의 상호작용의 연습과 노력이 필요하다.

조미훈(2015)은 〈어머니의 언어적 · 비언어적 상호작용과 만 2세 언어능력 간의 관계〉를 연구한 결과에서 어머니가 언어적 · 비언어적으로 영아와 적절히 상호작용이 이루어질 때, 영아의 어휘력과 의사소통 능력이 높은 것으로 나타났다. 즉, 부모의 언어적 · 비언어적 상호작용은 자녀의 언어발달에 중요한 영향을 미치며 나아가서 의사소통, 정서표현 그리고 타인과 상호작용에도 영향을 줄 수 있음을 알 수 있다.

CHAPTER 04

용서이론

용서는 나와 너의 관계형성에서 어떤 상황의 불협화음이 나타날 경우에 필요하다. 부모-자녀 관계에서도 용서는 필요하다. 용서는 부모가 먼저 할까? 아니면, 자녀가 먼저 할까? 종종 고민하는 상황에 처해있는 부모가 있다. 특히 부정적인 정서상황에서 더욱 그렇다. 용서는 무엇이며 어떻게 할까?

이 장에서 살펴보고자 한다.

1 용서의 이해

어린이는 집안의 신선한 손님이다.
우리가 보이는 사랑과 덕의 기초 위에 그들의 미래가 건설된다.

– 돕슨 –

1) 용서의 개념

용서(forgive, 容恕)는 사전적 의미로 '지은 죄나 잘못에 대하여 꾸짖거나 벌을 주지 않고 너그럽게 보아준다.'로 정의하고 있다.

용서는 사람들이 살아가면서 갖는 관계 속에서 꼭 필요한 실천적 행위이다. 용서는 개인이 어떤 부정적인 상황에서 긍정적으로 선택하여 정서를 조절하는 노력이다. 용서의 상황은 개인과 타인 간에 관계를 형성하는 가족공동체에서부터 부모-자녀, 직장, 학교, 사회 그리고 종교와 국가 간의 갈등 속에서 회복이 이루어지는 화해의 과정이다.

용서는 상대방을 향하여 조건 없는 사랑을 실천하는 것이다. 조건 없는 사랑이란 상대방을 긍휼히 여기는 것이다. 이것은 상대방의 영혼까지도 사랑으로 품어주는 것이다. 그런데 조건 없는 사랑을 실천하는 것은 그리 쉬운 일은 아니다. 더군다나 상대방과의 관계에서 어떤 부정적인 경험과 상황이 있었다면 더욱 그렇다. 하지만, 용서를 실천하기 위해서는 상대방의 언어적 · 비언어적 행위를 상대방의 입장에서 공감하고 이해해야 한다. 아울러 소통할 수 있는 연습과 노력이 필요하며, 부정적이고 비합리적인 사고 대신 긍정적이고 합리적인 능동적 사고를 갖고 실천할 수 있어야 한다.

용서에 관한 논의는 종교, 철학 그리고 사회학, 심리학 등의 인간관계를 연구하는 학문에서 지속적으로 연구되어지고 있지만 사용되는 의미는 모두 다르게 접근하고 있다.

Enright와 Gassin 그리고 Wu(1992)는 용서란 피해를 준 사람에 대한 부정적인 감정과 판단을 극복하는 것으로, 이러한 판단과 감정을 가질 권리를 부인하는 것이 아니라 상대방이 그럴만한 자격이 없음에도 불구하고 상대를 자비, 동정심, 심지어 사랑으로 대하려고 노력하는 인지적 · 정서적 · 행동적 반응의 복합체라고 하였다. Patton(1985)은 용서는 무엇인가를 하는 것이 아니라 무엇인가를 발견하는 것이라고 하였다.

주자현(2005)은 〈용서교육 프로그램이 부모-자녀 의사소통과 부모-자녀 정서적 친밀도 수준에 미치는 영향〉의 연구결과에서 자신의 상처로 생기게 된 부정적인 감정을 감소시키며, 더 나아가 가해자를 이해하고 애정을 갖게 하며, 점점 의사소통에서도 긍정적인 의사소통의 형태인 개방형의 의사소통을 하게 됨을 보여준다고 하였다. 이는 일상생활에서 부모-자녀의 관계에서도 용서와 관련된 상황들이 발생함으로써 의사소통 문제도 발생함을 알 수 있다. 따라서 용서는 관계 개선이며, 하나의 정서를 조절하는 행위라고도 볼 수 있다.

주영(2013)은 부모 자녀 관계는 개인의 정서, 성격, 대인관계 양식 발달에 직접적으로 영향을 미치는 중요한 변인이라고 했다. 부모-자녀 관계에서 발생하는 갈등을 적절히 해결하지 못하는 경우에 우울, 불안, 분노, 자아존중감, 문제행동, 대인관계 등 개인 내 · 외적 측면에서 여러 가지 부정적인 결과를 가져올 수 있다는 것을 전제로 한다. 〈용서 프로그램이 부모-자녀 갈등경험 청소년의 분노, 부모-자녀 관계 만족도 및 대인관계에 미치는 영향〉의 연구에서 부모와의 갈등을 경험한 청소년의 분노와 부모-자녀 관계 만족도, 대인관계에 미치는 영향을 확인하였다.

정지윤(2005)은 〈용서 교육 프로그램이 초등학교 아동의 용서 정도와 대인관계에 미치는 효과〉에서 아동의 대인관계에 용서가 영향을 미치는 것으로 나타났다.

김태옥(2011)은 〈청소년의 부모-자녀 갈등과 용서, 문제행동과의 관계〉의 연구결과에서 부모-자녀 갈등과 문제행동은 초등학교, 중학교, 고등학교 순으로 높게 나타났다. 그리고 부모-자녀 갈등 중 진로 및 성적과 친구관계로 인한 갈등이 높을수록 부모를 용서하지 않는 것으로 나타나 유의한 차이가 있는 것으로 나타났다고 주장했다. 미디어 사용과 일상생활로 인한 갈등은 용서와 유의한 차이가 없는 것으로 나타났다. 또한, 부모-자녀 갈등 수준이 높은 집단이 낮은 집단에 비해 문제행동을 많이 일으키는 것으로 나타났다. 부모-자녀 갈등의 하위요인인 친구관계, 진로 및 성적이 용서와 부적 상관 관계가 있는 것으로 나타났다. 즉, 용서와 문제행동과의 관계에서는 전체적으로 부적 상관 관계가 있는 것으로 나타났다.

용서의 정서적인 측면은 친구관계로 인한 부모-자녀 갈등을 감소시켰고 문제행동을 완화시키는 데 매개역할을 하는 것으로 나타나 용서는 부분적으로 효과성이 검증되었다. 따라서 용서는 인간이 일생을 살아가면서 평생 실천해야 할 능동적인 행동이며 정서표현이다. 특히, 부모는 자녀에게 용서의 실천을 보여주고, 자녀는 부모를 통한 용서의 실천을 표현할 수 있다.

2) 용서의 종류

용서는 받는 용서(receiving forgiveness from others), 주는 용서(forgiving others), 자기 용서(self-forgiveness) 등으로 구분되기도 한다.

첫째, 받는 용서이다. 받는 용서는 가해자가 피해자에게 가서 용서를 구하고 용서를 받는 것이다(김광수, 2007). 예를 들면, 부모의 지갑을 훔친 자녀가 부모를 찾아가 용서를 빌거나 반성문을 쓰고 잘못을 용서받는 등의 행동이다. 용서해줄 마음이 전혀 없는데, 용서해달라고 자녀가 부모에게 반성문을 쓰고 갖가지 용서의 행동이나 표현을 하지만, 부모로서 준비되지 않으면 자녀를 용서하기가 어려울 것이다. 용서하려면 용서를 받을 준비가 되어야 한다.

둘째, 주는 용서이다. 주는 용서는 피해자가 피해를 준 상대에 대해 복수·분노, 적개심 등의 감정, 판단 및 행동반응을 극복하고 여러 상황에서 상대에 대한 새로운 이해와 조망을 가지고 건설적으로 대응하는 것이다. 구체적으로 주는 용서는 상처를 준 상대에게 새로운 이해나 관용으로 반응함으로써 상대방에 대한 부정적인 반응이 줄어든다. 그리고 사회적 수용과 정서적 온정을 보이며 상대방이 그럴만한 자격이 없음에도 불구하고 자비, 동정심, 사랑으로 대하는 정서, 인지, 행동의 복합적 반응이라고 할 수 있다(Enright, Gassin & Wu, 1992). 쉽게 말하면 자신에게 상처를 준 사람을 용서하는 것으로 예를 들어 자녀가 폭력을 휘두른 부모를 용서하는 것이다.

셋째, 자기 용서이다. 자기 용서는 참된 자기 자신을 발견하지 않고는 실행하기 어려운 용서이다. 대부분 용서는 너와 나의 관계에서 발생하는 불협화음의 조정이라고 본다. 하지만, 자기 용서는 건강한 성숙의 인간에 다다르지 않으면 어려운 일이다.

Smedes(1996)는 자기 용서의 자세는 정직해야 하는데, 정직하지 않으면 자기 용서가 불가능하다고 하였다. 또한, 자기 용서는 다른 사람에게 부당한 상처를 주었을 때 자신을 용서하는 것이다. 나를 철석같이 믿는 어떤 사람에게 한 거짓말, 친구를 무시한 것, 도움을 절실히 필요로 하는 사람을 외면한 것 등의 기억이 떠올라 자신을 괴롭힐 때는 자기 용서가 필요한 상황이다. 자기 용서는 자기 사랑이고 자기 긍휼이며 내면의 자신을 '괜찮아.'라고 껴안아 주는 것이며 있는 모습 그대로의 자신을 받아들이기로 하는 것이다(김희라, 2010).

2 Enright의 용서

Enright 등은 용서가 정서적 · 인지적 · 행동적 체계, 즉 상대를 용서하는지를 포함한다. 이들의 정의에 따르면, 용서에는 상대에 대한 부정적 정서(분노, 미움, 증오, 원한, 슬픔 등), 판단(비난, 비판 등), 행동(복수, 처벌 등)이 사라지고 긍정적 정서(부정적 감정의 소멸, 동정심, 사랑 등), 판단(비판단적, 상대가 잘 되기를 바람 등), 행동(도움을 주고자 함, 화해하고자 함 등)이 나타나는 반응을 포함한다. 이러한 논의에 기초할 때, 용서는 깊고 부당한 상처를 준 사람에 대해 갖는 부정적 판단, 감정, 행동반응이 사라지고 상대에 대해 긍정적 사고, 감정, 행동반응을 하는 것으로 정의될 수 있다(Gassin, 1995; 김광수, 2008, 재인용).

Enright의 과정 모형은 용서과정의 인지적 측면, 행동적 측면, 그리고 정서적 측면을 통합하며 인지적 변화에 초점을 둔다. 피해자는 자신의 분노를 인정하고 현실을 수용한다. 이 세상이 불공평하고 가해자도 인간으로 불공평한 세상에 산다는 것을 깨닫는다. Enright의 과정 모형은 4단계와 20개의 심리적 변인 혹은 이정표가 있다. 각 이정표들을 반드시 거쳐야 하는 것을 아니며, 그리고 순서가 정해진 것도 아니다. 이들은 4단계로 묶여있는데, 그것은 분노발견 단계, 용서결심 단계, 용서실행 단계 그리고 용서심화 단계로 발견과 감정 감옥으로부터의 해방이다.

첫째, 피해자는 분노를 발견한다. 피해자는 자기 속의 분노를 인정하고 스스로에 대한 집착에서 벗어나 가해자에게 초점을 맞춘다. 그리고 분노를 회피하는 자신의 방어기제를 살펴보고, 자기 속에 존재하는 분노를 인정하고 대면한다. 필요하다면 수치심도 드러낸다. 또한, 분노가 건강에 미치는 영향을 살펴보고, 상처나 가해자에 골몰하는 정도를 살펴본다. 자신의 상황과 가해자의 상황을 차분하게 비교한 후에 가해자의 현재 상황이 꼭 행복한 것만은 아니라는 것을 발견할 수 있다. 회복할 수 없는 손상이나 후유증을 살펴보고 그것의 존재를 수용하며 애도작업이 필요할 수도 있다. 정의로운 세상에 대한 환상을 포기하면서 세상이 불공평하다는 것을 수용한다.

둘째 단계에서 용서를 결심한다. 자신을 위해 새로운 대처방법으로 용서를 선택한다. 피해자는 상처를 다루기 위해 사용한 대처방법들의 효율성을 평가한다. 그리고 새로운 대처방법으로 용서를 고려하고 평가한다. 가해자를 용서하는 과정을 새로운 대처방법으로 선택한다.

셋째 단계에서 용서를 실행한다. 용서를 선택했기 때문에, 구체적으로 인지적 용서, 정서적 용서, 그리고 행동적 용서를 실행한다. 피해자는 가해자를 그 성장배경과 가치관 등을 포함하는 넓은 맥락에서 관찰하는 인지적 재구성을 실행한다. 우주적 관점에서 자신의 상처와 사건을 바라보는 인지적 용서를 실행한다. 가해자를 향한 공감과 자비의 감정을 품어 본다. 자신의 고통을 가해자나 타인에게 전달하지 않고 스스로 간직하려고 한다. 그리고 가해자에게 선물을 주는 행동적 용서를 실행한다. 대부분 선물은 물품이 아니라 도덕적 감사나 사랑의 전달이다.

넷째 단계에서 용서의 심화 단계로 발견과 감정 감옥으로부터의 해방을 경험한다. 용서를 실행하면서, 피해자는 고통의 새로운 의미를 발견할 수 있다. 그리고 자신이 가해자였던 상황이 있던 것을 기억하고 자신도 용서를 받아야 할 필요가 있다는 것을 알 수 있다. 그리고 고통의 보편성을 깨닫게 될 수 있으며 이 고통으로 새로운 인생목표를 발견할 수도 있다. 그리고 가해자에 대한 부정적 감정이 감소하고 긍정적 감정이 증가하면서 정서적 해방 혹은 내적 해방을 경험한다.

과정 모형에서 선택과 인지적 용서를 강조한다. 피해자가 고통을 대처하기 위해 새로운 방법으로 용서를 선택한다. 그리고 가해자를 발달과 상황 속에서 이해하고, 현실적 세계관을 갖는 것이 핵심이다. 이것은 행동적 용서와 정서적 용서의 실행을 포함한다. 용서하려는 결심이 먼저 이루어지고, 이 목표를 달성하기 위해 인지적 용서, 행동적 용서 그리고 정서적 용서를 실행한다(반신환, 2009).

즉, Enright의 용서과정은 상담자가 부모의 일상생활 중 어떤 상황과 선택에서 분노가 나타났는지 스스로 발견할 수 있도록 자각하고 인지하도록 촉진시킨다. 나아가 용서를 결심하고, 실행하며 새로운 삶을 살 수 있도록 부모가 미래의 삶을 긍정적으로 재구성할 수 있는 발견과 과거로부터의 분노상황에서 자유를 경험하도록 한다.

〈표 4-1〉 **Enright의 용서과정**

용서의 단계	각 단계의 목적
1단계: 발견	
① 심리적인 방어조사 ② 분노에 직면하기 ③ 수치심 인정하기 ④ 심리적 에너지의 고갈 인식하기 ⑤ 가해자에게 사로잡힌 상태 인식하기 ⑥ 자신과 가해자 그리고 타인과 비교하고 탐구하기 ⑦ 상처로 인한 영구적 변화의 가능성 인식하기 ⑧ 정의로운 세상에 대한 의심 여부 살펴보기	상처가 자신의 모습을 어떻게 변화시켰는지에 대한 통찰력 획득
2단계: 결심	
⑨ 지금까지의 대응이 효과적이지 않다는 통찰력 얻기 ⑩ 용서를 문제 해결의 한 방법으로 선택하기 ⑪ 용서하기로 결심하기	용서에 대한 정확한 이해와 그것에 기초한 용서 결정

용서의 단계	각 단계의 목적
3단계: 실행	
⑫ 자신과 가해자 그리고 상황에 대한 인지적 재구성 ⑬ 공감하고 동정심 표현하기 ⑭ 고통을 수용하고 견디기 ⑮ 가해자에게 도덕적 선물 주기	가해자에 대한 새로운 관점과 가해자와 자신 그리고 관계에 대한 새로운 이해 획득
4단계: 심화	
⑯ 고통과 용서과정에서의 새로운 의미 발견하기 ⑰ 과거에 자기도 용서가 필요했다는 사실을 깨닫기 ⑱ 인간은 독립적 존재가 아니라는 사실에 대한 통찰력 얻기 ⑲ 상처를 통해 얻은 새로운 삶의 목표 인식하기 ⑳ 내적 해방감 경험하기	고통의 의미 발견, 타인과의 관계 됨 경험, 부정적 감정의 감소 경험, 삶의 새로운 목적 발견

출처: 손운산, 2008, 재인용; Enright, 1998

3 Worthington의 용서

Worthington의 용서는 '용서 안하기'에서 '용서하기'로 바뀌는 과정이다. 핵심은 공감이다. 용서는 부정적인 감정들을 공감, 동정심, 아가페 사랑, 낭만적 사랑으로 대치한다. 공포를 줄이고 긍정적 감정을 증진시킨다. Worthington의 용서는 공감, 겸손 그리고 헌신으로 구성되어 있다.

용서 피라미드는 5단계로 이루어지며 상처회상 단계, 공감 단계, 용서의 이타적 선물 단계, 용서선언 단계, 그리고 용서유지 단계다.

첫째 단계에서 상처를 회상한다. 가해자에 대한 조건반응을 소거하는 단계이다. 피해자는 가해자에 대해 공포 조건반응을 나타낸다. 긴장하고 회피하거나 공격한다. 공격이 실패하면 굴복한다. 결국, 회피반응과 보복반응이 조건회된 것이다. 용서를 위해 이 조건반응을 소거할 필요가 있다. 소거는 회피하거나 보복하지 않고 가해자에게 노출될 때 이루어진다. 즉, 피해사건을 회상하거나 가해자에게 자신을 노출한다.

둘째 단계에서 가해자에 대해 공감한다. 가해자가 생각하는 것을 생각하고, 느끼는 것을 공감하는 상태를 피해자가 창조할 수 있다. 그래서 가해자가 피해를 준 이유를 공감할 수 있다. 공감을 3가지로 분류하는데, 인지적 공감으로서 공감적 정확성, 정서적 공감으로서 공감적 동일시 그리고 인지적 공감과 정서적 공감과 타인 보살핌의 통합으로서 공감적 자비다. 바로 공감적 자비가 이 단계에서의 목표다. 즉, 공감을 위한 활동으로 가해자의 입장에서 사과하는 편지를 쓰거나 친구와 대화를 할 수 있다.

셋째 단계에서 용서는 가해자에게 주는 이타적 선물이라고 주장한다. 공감적 자비가 용서의 충분조건이 되지 못하기 때문에 용서에 피해자의 겸손이 필요하다. 피라미드 모형에서 겸손은 피해자가 기본적으로 자신을 타인과 동일하게 수용하는 능력이다. 겸손은 3가지 경험으로 구성된다고 주장한다. 첫째, 피해자가 자신도 가해행동을 촉발하는 데 일조했다는 깨달음이다. 둘째, 과거에 자신이 용서받았기 때문에 감사했던 상황을 회상하면서 감사의 기쁨을 느낀다. 그리고 가해자도 용서로부터 경험할 감사와 긍정적 정서를 공감한다. 셋째, 조건 없이 가해자를 용서하는 결심을 한다.

넷째 단계에서 용서를 공개 선언한다. 공포반응은 소거가 되더라도, 자동으로 회복되는 경향이 있다. 이 회복을 어렵게 하기 위해 공개 용서를 진행한다. 이것은 용서경험의 개방, 용서증명서 기록하기, 용서편지 쓰기, 상담집단에서 용서편지 낭독하기 그리고 용서편지의 발송 고려하기로 구성된다. 용서편지를 반드시 가해자에게 발송할 필요는 없지만, 실제 관계 회복을 고려하기 때문에 가해자와의 신뢰를 회복하는 첫걸음이 될 수도 있다.

마지막 단계는 용서의 지속으로 용서를 계속 이어가는 것이다. 정서적 용서 상태를 유지하기 위한 6개 기술이 있다. 이것은 상처와 관련된 감정을 구분하고 이해하기, 감정과 집중력의 관계를 이해하기, 공포나 불안과 같은 감정의 관리기법을 익히기, 용서증명서와 용서편지로 생각을 집중하기, 용서 피라미드로 생각을 집중하기, 그리고 용서 피라미드로 다른 용서를 경험하기로 이루어져 있다.

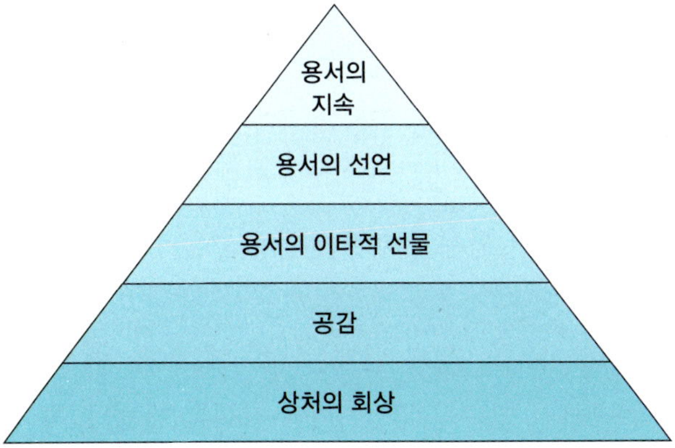

[그림 4-1] Worthington의 용서과정 모형

출처: 신종수, 2009, 재인용

피라미드 모형에서 정서적 용서를 강조한다. 가해자는 자비를 갖고 공감해서 생각과 감정을 같이 느낄 수 있다. 그리고 가해자가 자신보다 열등하지 않고 오히려 동등한 존재라고 수용하는 겸손이 필요하다. 겸손은 책임감과 감사를 발견하는 경험으로 이루어진다. 이 결과로 용서의지가 발생하고 실행할 수 있다(반신환, 2009).

즉, Worthington의 피라미드 용서는 내담자가 부모라고 볼 때, 부모의 상처를 직면하도록 인지해야 한다. 부모 자신의 상처를 표현하는 것도 중요하지만 상처를 준 가해자인 자녀의 입장도 공감하도록 용서의 의지가 있어야 한다. 아울러 용서를 지속함으로써 용서를 선언하고 상대방에게 용서의 선물을 주고, 공감하며 겸손으로의 성숙한 자아를 지닌 인간이 되는 것이다.

4 Flanigan의 용서

Flanigan은 용서를 경험한 수많은 사람, 특히 가족처럼 친밀한 관계에서 발생했던 상처로 고통당한 사람들과의 면담을 통해, 용서에 이르는 과정을 연구했다. Flanigan은 가족처럼 친밀한 관계에서 일어난 상처들은 상처 입은 사람의 신념 체계에 심한 손상을 준다고 본다. 학대나 배우자의 부정(不正)처럼, 서로 신뢰하고 친밀했던 관계에서 생긴 상처는 피해자가 자신과 세상 그리고 삶에 대해 가지고 있던 기본 전제들을 흔들어 놓는다. 이로 인해 피해자의 내적 통합성이 무너지고, 자신을 조절하기 힘든 상태가 된다.

Flanigan이 주장한 용서의 첫째 단계는 상처에 이름 주기이다. 상처로 인해 자신의 삶 속에서 달라진 것들이 무엇인지를 살피는 단계다. '인정', '탐구', '말하기'의 3가지 과제를 가지고 있다. 이 과제들은 상처를 입은 사실과 삶의 변화가 일어났다는 것을 인정하는 것으로 자신의 취약성, 조절능력, 정의문제를 재구조화할 필요가 있음을 받아들이는 것이다. 그리고 취약성, 조절능력, 정의의 관념에 입은 상처의 정도를 탐구하는 것과 가해자와 타인에게 상처를 준 영향에 대하여 논리적으로 말하는 것으로 이해를 증대시켜 준다. 말하기의 장점은 상처의 원인, 기간, 결과, 조절여부 등에 관한 자신의 생각들을 정리하면서 자신의 감정을 표현할 수 있게 해준다.

둘째 단계는 내 상처로 주장하기다. 이 단계에서는 과거에 입은 상처로 인해 현실에 변화가 있다는 것을 인정해야 한다. 삶의 일부가 되어버린 상처와 대항, 도피, 변명, 가해자 행동을 이해하기보다는 상처를 자신의 것으로 받아들이는 것이 용서의 지름길이다. 내 상처로 주장하기에는 분리와 연합의 과제가 있다. 분리는 자기의 상처와 다른 사람의 상처를 구분하는 것으로 상처가 가족들 사이에 일어난 경우에 자신의 고통과 타인의 상처를 구분하지 않으면 용서의 여정이 지연된다. 그다음의 과제는 연합이다. 연합은 분리시킨 상처를 자아의 일부로 만드는 것이다. 상처는 의식적으로 받아들이지 않으면, 무의식 속에 숨어 버려 다루기가 힘들다.

셋째 단계는 가해자 비난하기이다. Flanigan은 용서할 수 없는 상처에 대하여 아무도 비난받지 않으면, 아무도 용서하지 못한다고 말한다. 누가 상처를 입혔는지에 대해 알지 못하면 자기 비난, 혼돈 그리고 격노에 빠지게 된다. 상처에 대해 책임져야 할 사람, 즉 가해자가 분명해져야 피해자의 자기 비난에서 가해자 비난으로 바뀐다. 피해자가 자기를 비난하면 에너지는 잘못된 곳에서 낭비되고, 용서할 수 없는 상처로 인한 고통에서 벗어날 수 없기 때문에 용서의 여정이 지연된다.

넷째 단계는 힘의 균형 맞추기이다. 피해자는 상처로 많은 것을 잃는다. 힘의 균형 맞추기는 상처를 이겨 내고 용서를 실천하기 위해 상실된 힘을 다시 북돋우고 필요한 자원을 모으는 것이다. Flanigan이 제시하는 방법에는 지원 그룹에 가입, 새로운 관계 만들기, 새로운 공부를 시작하기, 새로운 취미 생활하기 등이 있다. 피해자가 손상된 힘을 회복하고, 필요한 자원을 발견하고, 가해자에게 위축되지 않을 상태가 되면 용서를 위한 준비가 된 것이다.

다섯째 단계는 용서를 선택한 삶의 전환점이다. 현재까지는 용서할 수 없는 상처에 얽매인 삶이었으나, 용서를 선택한다는 것은 자유와 해방을 얻는 삶을 사는 것이다. 이것은 상처 입기 전과 후의 삶과는 다른 새로운 삶이다. Flanigan은 용서를 세 가지 의미로 본다. 피해자가 더는 가해자에게 책임을 묻지 않고 자신의 삶은 자신이 책임지기로 선택하는 것, 가해자에게 자유를 줌으로써 피해자도 자유롭게 되는 것 그리고 과거를 회상한다고 해도 거기에 매이지 않고 미래의 새로운 삶을 향해 나아가는 것을 의미한다.

여섯째 단계는 새로운 자아의 탄생이다. 피해자는 용서의 여정 동안 상처로 인해 혼동되었던 신념체계들이 새롭게 형성되는 경험을 한다. 상처를 경험하지 않으면 새로운 가치관에 대한 도전을 받지 못하고, 용서할 수 없는 상처는 피해자에게 새로운 기회가 된다. 상처를 입는 것은 이런 이상한 방법으로 선물을 받는다. 이제 용서의 여정에서 새로운 체계가 형성·실험되었고, 그것은 자신과 타인 또한 세상에 대한 관점이 달라짐과 동시에 상처에 대한 견해도 달라졌다. 용서의 정도는 사람이나 특히 기본 신념체계의 손상의 정도에 따라 다르다.

Flanigan은 용서가 이루어졌는지를 알 수 있는 현상 4가지를 제시한다. 4가지 중의 1가지라도 나타나면 용서가 이루어진 것으로 본다. 첫째, 더 이상 가해자에 대한 복수심이나 증오심을 품지 않을 때이다. 둘째, 가해자에 대해 중립적으로 느낄 때이다. 셋째, 가해자에 대해 어느 정도의 신뢰감이 회복되었을 때이다. 넷째, 가해자들과 화해하였을 때이다(신종수, 2009). 즉, Flanigan의 용서는 부모가 분노경험에서 상처를 입게 되면 그 상처에 이름을 준다. 그리고 그 상처로 주장하고, 가해자를 비난한다. 그 뒤 힘의 균형을 맞추고, 나아가 용서를 선택하여 부모-자녀의 새로운 삶의 자아를 탄생시켜 나아가는 것이다.

〈표 4-2〉 **Flanigan의 용서과정 모형**

Flanigan 용서과정 모형	
1지점	상처에 이름 주기
2지점	내 상처로 주장하기
3지점	가해자 비난하기
4지점	힘의 균형 맞추기
5지점	용서 선택하기
6지점	새로운 자아의 탄생

출처: 신종수, 2009; Flanigan, 1987

5 Cho와 Park의 용서

Cho와 Park(1998)이 제시하는 용서는 집단주의를 배경으로 갖고 있다. 즉, 상하관계를 특징으로 갖고 있기 때문에 타협이 아니라 상대방의 굴복을 지향한다. 그리고 내 집단에서 갈등을 부인하고 회피하는 경향이 높다. 즉, 상급자와 다른 의견을 제시하거나 분노와 같은 감정을 표현하는 권리가 하급자에게 인정되지 않는다. 그러므로 작은 갈등은 무시되고 억압된다. 그러나 불만이 제기되고 갈등이 폭발하면 갈등 해결과정이 나타난다. 그것은 관계형성, 회유, 강압 그리고 긴장해소이다.

첫째 단계는 관계를 형성한다. 불만의 내용과 원인을 알기 위해 피해자와 주변 인물들을 직접 만나서 정보를 수집하고 교환한다. 그리고 더 중요한 것은 인간적 유대감을 형성한다.

둘째 단계는 회유이다. 서로 감정이 상하지 않는 범위에서 해결을 추구한다. 지지하고 대화를 통해 현재의 수직관계나 권한을 훼손하지 않는 한도에서 해결을 추구한다. 그리고 주변인물의 중재를 사용한다. 갈등에 대한 관용이 적기 때문에 빨리 해결하려고 한다. 그래서 이 단계에서 종료될 수도 있다.

셋째 단계는 강압이다. 이때는 갈등이 증폭되고 악화된다. 감정이 상하고 배신감을 느끼면서, 우리 편이라고 생각하지 않는다. 외집단원으로 간주하기 때문에 상대방을 증오한다. 그리고 상대방을 굴복시키기 위해 무자비한 방법을 사용할 수 있다. 공권력에 호소하는 경우도 적지 않다.

마지막 단계는 긴장해소다. 상대방은 상하관계로 돌아가기로 합의한다. 불만이 해소되었을 수도 있고 그렇지 않을 수도 있다. 손상관계를 회복하기 위해 뒤풀이를 한다.

위의 갈등 해결 과정을 피해자 혹은 하급자가 주도권을 갖는 과정으로 재구성할 수 있다. 이와 같은 용서상담도 조화유지와 대결이라는 특징을 갖는다. 가해자와의 관계를 지향하기 때문에 대결의 특징을 함께 갖고 있다. 각 단계별로 피해자의 행동을 살펴본다.

첫째 단계는 피해를 주장한다. 집단주의에서 침묵은 만족이나 묵인으로 간주하기 때문에 피해사실을 가해자와 주변 인물들에게 설명한다. 객관적 피해와 정서적 피해를 함께 설명한다. 집단주의는 관계손상을 반영하는 정서적 피해에 더 민감하게 반응하기 때문이다. 그리고 조치가 취해질 때까지 계속 주장한다. 갈등이 너무 증폭되지 않도록 조화유지도 추구한다.

둘째 단계는 목표를 설정하고 고수한다. 피해의 재발을 방지하기 위해 수평관계를 용서상담의 목표로 설정한다. 그리고 그 입장을 고수한다. 상급자 혹은 가해자가 인간적 유대를 근거로 회유하면, 피해자는 상급자에게 굴복할 가능성이 높다. 그러나 상하관계로 되돌아가면 피해가 반복된다. 그러므로 수평관계라는 목표를 분명하게 제시하고 그것을 위해 계속 대결한다.

셋째 단계는 강압에도 목표를 고수한다. 직접 혹은 주변 인물을 통한 위협과 압력에도 수평관계의 형성이라는 목표를 고수한다. 무자비한 방법도 사용하기 때문에 인간적 배신감을 느낄 수 있다. 그래도 자신을 보살피면서 목표를 분명히 주장하고 자신의 입장을 설명한다. 가해자의 무자비한 강압에 대해 보복할 권리를 포기한다. 그러나 굴복하거나 수직관계로 되돌아가는 것은 계속 거부한다.

넷째 단계는 수평관계를 시작한다. 가해자가 화해하기를 요청하고 수평관계를 시작하기를 수용하면 평등관계를 시작한다. 그러나 익숙하지 않기 때문에 시행착오가 존재하고 갈등이 나타날 수 있다. 그러나 하급자는 수평적 행동을 고수한다. 우선, 자신을 주장할 수 있는 권리와 상대방의 요구를 거절할 권리를 확보하는 것으로 시작한다.

마지막 단계는 수평관계를 유지한다. 수평관계를 유지하기 위해 자신과 가해자에게 보상한다. 가해자에게 부정적 감정을 표현할 때 칭찬한다. 거부를 수용하는 상급자를 칭찬하며 주기적으로 스스로를 칭찬한다. 그리고 현재의 성공과 실패에 스스로를 노출하고 그것을 즐긴다. 집단주의 가해자와 조화를 유지하면서 수평관계로 변형하는 것이 수평관계라는 목표를 고수하면서 강압에 대한 보복을 포기한다. 그리고 스스로 평등적 행동을 고수하며 스스로 강화한다(반신환, 2009).

즉, Cho와 Park(1998)의 용서는 부모가 분노경험을 발생하게 한 상대방인 자녀에게 동등한 입장에서 당시에 분노를 통하여 받은 피해를 주장하도록 격려한다. 부모-자녀의 위치가 동등하다고 볼 수 없지만, 각각의 입장에서 분노경험과 상황에 대하여 당당하게 표현할 수 있도록 목표를 설정하고 고수하는 것이다. 나아가 자녀와의 관계를 부정적인 정서에서 긍정적인 정서로 평정을 찾아 지속적으로 유지할 수 있도록 한다.

6 Hargrave의 용서

Hargrave는 상황 가족치료의 관점에서 인간관계로 인한 상처와 고통의 문제를 다루었다. Hargrave의 과정에서는 가족 간에 짓밟힌 사랑과 신뢰로 인해 느끼는 배신감이 피해자에 대한 감정과 앞으로의 관계에 파괴적인 영향을 미치게 됨을 지적한다. 첫째, 짓밟힌 사랑과 배신을 당한 피해자는 가해자에게 대한 분노로 인해 폭발하거나 가해자와의 신뢰감 때문에 깊은 수치감을 느끼게 된다. 둘째, 관계에 대한 행동에서도 피해자는 상처를 받지 않기 위해서 자신을 과잉 억제하거나 절망감 때문에 자포자기 상태로 생활하게 된다. 결과적으로 가족 안에서 지속적으로 피해를 당하게 되면 분노폭발과 수치, 과잉 억제와 방치를 반복하는 악순환에 빠지게 된다.

Hargrave의 용서과정은 사면과정과는 다르다. 용서는 사면과정과 용서과정으로 나누어지는데, 사면과정은 통찰력과 이해의 단계로, 용서과정은 가해에 대한 책임을 질 수 있는 기회를 주는 단계와 공격적으로 용서를 주고받는 절차로 이루어져 있다.

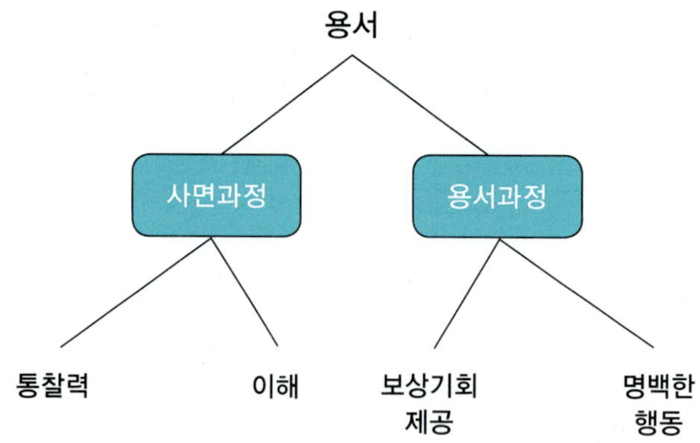

[그림 4-2] Hargrave의 용서과정 모형

출처: 신종수, 2009; Hargrave, 1994

Hargrave의 용서과정 모형은 사면과정과 용서과정의 시작과 끝이 각 단계마다 다르다. 이 과정과 단계들은 서로 중복되기도 하고 끊어졌다가 다시 이어지기도 하기 때문에 경계선을 분명하게 그을 수 없다. Hargrave는 인간관계 회복검사를 개발했는데, 4가지 단계에 따라 용서가 진전되었는지, 수치와 분노폭발, 자기억제, 방치 등으로 인해 어떤 고통을 당했는지를 기록하게 된다. 응답자로 하여금 스스로 보고하는 방법을 사용하여 두 개의 주검사와 여덟 개의 종속 검사인 4가지 용서 단계(통찰력, 이해, 보상의 기회제공, 용서의 명백한 행동)들이 얼마나 진전되었는지, 얼마나 고통(수치, 분노폭발, 자기억제, 방치)을 받고 있는지를 평가할 수 있게 했다(신종수, 2009). 즉, Hargrave의 용서는 부모가 분노상황을 통찰력과 이해의 단계를 통해서 용서하는 사면과정과 부모도 가해에 대한 책임을 질 수 있는 기회를 주는 보상기회를 제공하고, 명백한 행동을 통해서 용서를 주고받는 절차로 이루어져 있다.

CHAPTER 05

부모교육과 정서조절 상담개입

Gross는 정서조절을 개인이 일상생활에서 일어나는 어떤 상황에서 자주 사용한다고 하였다. 부모가 자녀를 양육하는 과정에서 정서조절은 의식적, 무의식적으로 일상생활에서 자주 나타난다.

이 장에서는 Gross의 정서조절인 상황선택, 상황수정, 주의배치, 인지변화, 반응조절을 통해서 부모의 정서조절을 살펴보고자 한다.

1 Gross의 정서조절과 부모교육

부모들이 우리의 어린 시절을 꾸며주셨으니
우리는 그들의 말년을 아름답게 꾸며드려야 한다.

– 생텍쥐페리 –

1) 상황선택과 부모교육

상황선택은 일어날 것 같지 않은 상황이 가지고 있을 법한 특성 및 그 특성들에 대해 예상되는 정서반응을 이해하는 것이다. 따라서 상황선택은 개인이 노출되어 있는 특정 상황에서 영향을 받기 때문에 정서의 틀을 만들게 되고 이것은 어떠한 상황에서 더 쉽게 취할 수 있는 행동과 연관되어 있다. 예를 들어, 어떤 약속을 지켜야 하고, 어디로 가서 점심을 먹고, 누구와 시간을 보내며, 퇴근하고 무슨 일을 할 것인지에 대해 수많은 결정을 내리는 것에 의미를 갖는다. 자세한 예로 공격적인 동료 직원 피하기, 운이 없었던 날이 지난 후 재미있는 영화보기, 함께 실컷 울 수 있는 친구 찾기 등이다.

만약에 사람들이 정서에 영향을 받기 위해 한 발짝도 다가가지 않는다면 정서의 틀을 알아가는 데 어느 정도의 시간이 걸린다. 이러한 의식은 사람들로 하여금 상황선택을 통해 기본적인 정서의 틀을 바꿀 수 있도록 조치를 취한다. 또한 상황선택은 순간적으로 발생하기 때문에 인식하기가 어렵다. 어린아이일수록 상황을 선택하는 능력이 없기 때문에 부모는 아이의 기질이나 흥미 등을 고려해야 한다(Gross, 2007).

즉, 상황선택은 부모가 자녀들을 양육하는 과정에서 그 상황을 선택하거나 회피하는 것이다. 하지만, 자녀가 부모를 힘들게 한다고 방임하거나 회피한다면,

자녀는 어떻게 될까? 그러므로 부모는 긍정적인 상황으로 선택을 바꾸는 노력이 필요하다. 다음 사례에서 부모가 어떤 상황에서 무엇을 선택하였는지 살펴보자.

사례 1. 슈퍼 안에서 소리 지르는 유아기 자녀

유아기에 해당하는 한 남아가 슈퍼 안에서 소리를 지르면서 엄마를 향해 뛰어간다. 그 이유는 아이가 엄마에게 무엇인가를 사달라고 하였지만, 엄마는 사주지 않았다. 남아는 더 크게 소리를 지르고, 울면서 다닌다. 그럼에도 불구하고 엄마는 아이의 요구대로 사주지 않고 대꾸도 하지 않는다.

그리고 계산대를 지나 밖으로 나간다. 아이는 계속 소리를 지르면서 운다. 엄마는 음료수 페트병으로 어깨를 때리면서 아이를 혼낸다.

이때 지나가던 연세 드신 할아버지가 "왜 아이를 그렇게 울리고 혼내요?"라고 버럭 소리를 지른다. 그리고 전혀 알지 못하는 아이의 어머니를 향해 뭐라고 한동안 훈계한다.

아이의 어머니는 전혀 알지 못하는 지나가던 할아버지가 자신과 아이의 사이에 끼어들어서 화내며 혼을 내니, 황당한 듯 가만히 할아버지를 쳐다본다.

사례 2. 부모 참관수업에서 아이가 활동하지 않고 고집을 피우는 아이

어머니와 아버지는 직장을 다니는 부부이다. 이렇다 보니, 아이를 양육할 수 없어서 어린이집에 아이를 맡긴다. 부모는 어린이집에서 참관수업을 한다고 해서 참석하였다. 수업내용은 '아버지와 자녀가 함께 요리하기'이다.
그런데 아뿔싸! 평소에 활동적이었던 아이는 아버지 앞에서 고집을 피운다. 요리를 하지 않겠다는 것이다. "왜 그러느냐?"라고 아버지는 물어보고, 화내보고, 혼내보아도 아이는 그냥 침묵하며 가만히 부동자세를 취한다.
아버지는 평소에 아이와 관계가 엄격하다. 그런데 그 아버지가 어린이집에 와서 아이와 함께 음식을 만드는 것이다. 아버지는 아이와 함께 참여하고 즐겁게 보냈으면 좋겠는데, 아이는 아버지와 활동하지 않고 반응이 없다. 아버지는 결국 혼자서 음식을 만들고, 아이는 만든 음식을 먹었다. 집에 돌아갈 때에도 아이는 말하지 않는다. 아버지는 아이가 이해되지 않는다.

사례 1의 상황에서 아이와 부모의 관계를 생각해 부모는 먼저 어떤 상황을 선택할 것인가? 아이가 우는 원인을 구체적으로 알 수 없었지만, 어쨌든 이러한 상황에서 부모는 힘들었을 것이다. 만약 부모가 아이의 마음을 좀 더 읽고, 부모의 마음으로 상황을 설명했더라면 어떻게 되었을까?

상황선택은 사람, 장소, 대상 등에 접근하거나 회피하는 정서조절이다. 아이가 슈퍼에서 울며 뛰어다녔을 때, 부모는 아이의 우는 표현과 행동에 대꾸도 하지 않고 회피하였다. 만약 아이가 졸랐을 때, 상황을 긍정적인 상황으로 선택했더라면, 아이의 정서표현은 어떻게 나타났을까?

상황선택은 기본적인 환경도 바꿀 수 있는 정서조절이다. 또한, 부정적인 정서를 긍정적인 정서로 바꿀 수 있도록 부모 스스로 선택할 수 있는 능동적인 행동이 중요하다. 부모의 긍정적이고 능동적인 상황선택은 자녀와 부모의 정서경험으로 남는다.

사례 2에서 자녀는 어느 것도 선택하지 않고 침묵하는 상황이다. 더군다나 교육기관에서 자녀의 이런 행동에 부모도 당황할 수도 있다. 이 가정의 부모와 자녀의 관계는 일상생활 안에서 권위적이다. 아버지는 평소에 자녀에게 무서운 부모이며, 자녀의 실수가 이해되지 않았다. 자녀의 눈높이로 대화하고 훈육되어야 하는데, 매번 아버지는 어른의 눈높이에서 아이를 바라보았다. 사례 2의 상황에서 아이보다는 부모의 상황선택이 중요하다. 무엇이 아이를 부동 자세로 굳은 아이로 만들었을까? 부모가 가정과 밖에서 하는 행동이 다른 경우에 아이는 혼란스러울 수 있다. 어쩌면, 아이도 가정과 어린이집에서 활동하는 모습이 다르게 나타날 수 있다. 하지만 참관수업에서 아버지는 평소에 화를 내고 아이를 혼냈던 훈육방법을 사용하지 않고 긍정적으로 음식을 만들고, 아이와 함께 음식을 먹었다.

만약 아이의 아버지가 아이의 행동을 보고 부정적인 정서조절을 하였다면, 어린이집의 분위기는 어떻게 되었을까? 부모로부터 받은 유아기의 부정적인 정서경험은 일상생활에도 영향을 미친다. 부모는 아이 앞에서 부정적인 정서표현보다는 긍정적인 정서표현의 연습이 필요하다. 그리고 아이의 아버지가 일상에서 자녀와 함께 놀이를 통한 정서조절을 생활화했다면, 과연 어린이집에서도 부동 자세로 침묵만 하고 있었을까?

가정에서의 정서조절은 자녀가 활동하는 교육기관이나 다양한 장소에서도 소극적 그리고 적극적으로 나타나기도 한다. 따라서 평소에 자녀가 가정에서도 부모와 함께 음식 재료 등을 만지고 느끼면서 자연스럽게 대화해야 한다. 이러한 자연스러운 유아기의 정서경험은 긍정적이고 능동적인 자녀로 성장할 수 있는 상황선택의 정서조절 동기를 부여할 수 있다.

2) 상황수정과 부모교육

상황수정은 정서적 충격을 바꾸기 위하여 그 상황을 수정하려는 직접적인 노력이며 잠재적 형태의 정서조절이다. 일상생활의 어떤 상황을 표현할 단어의 불명확성을 고려하면, 이것은 명확한 선을 긋기가 어려운 일이다. 상황은 외적일 수도 있고 내적일 수도 있다. 예를 들어, 부모와 자녀가 재미있는 동화책을 읽고 있는데 자녀가 물을 마시다가 동화책에 물을 엎지른 경우를 생각해보자. 이러한 상황에서는 젖은 동화책이 마르는 동안, 또 다른 동화책을 아이가 선택하여 읽을 수 있도록 하는 것이다. 이와 같이 상황을 수정하려는 노력은 우리의 정서적 영향력을 통해서 바꿀 수 있다. 그리고 또 다른 정서조절의 형태로 나타날 수 있다.

상황수정은 정서표현에도 관련이 있으며 부모 역할을 하는 데도 중요하다. 아울러 정서표현은 사회적 결과에 영향을 미치기도 한다. 그리고 현재 진행 중인 상호작용을 크게 변화시킬 수도 있다. 부모의 정서표현은 자녀의 정서표현에 영향을 미치며, 나아가서 자녀의 사회적 반응에도 관련이 있다(Lewis, Haviland-Jones & Barrett, 2008; Gross, 2007). 즉, 상황수정은 정서에 영향을 주는 상황을 수정하는 것으로 부모가 처해 있는 장면이 명확하지 못할 때, 상황을 명확하게 변화시킨다.

이는 부모의 노력을 통하여 바꿀 수 있는 정서조절이다. 분노상황에서도 분노의 원인이 명확하지 않은 채 그냥 화내거나 짜증 나서 소리를 지르거나 자녀와 싸우려고 한다면, 상대가 자녀이든 어느 누가 되든 간에 부모 자신과 자녀에게 악영향을 미칠 수가 있다. 따라서 이러한 분노상황에서는 부모가 분노의 원인이 어디서부터 시작되었는지를 명확하게 알고 자신을 수정하는 것이 중요하다. 그러므로 부모는 인지적인 자각을 통해서 상황을 수정하는 노력이 필요하다. 다음 사례를 살펴보자.

사례 1. 그림을 완벽하게 그리려는 우리 아이

아이는 그림 그리는 것을 좋아한다. 손에는 장난감처럼 항상 색연필을 가지고 다닌다. 문제는 책에 나오는 그림처럼 잘 그리지 못하면, 짜증을 내고 종이를 찢어 버린다. 엄마는 "우리 딸이 그림도 아주 잘 그리네. 앞으로 훌륭한 화가가 되려나?"라고 칭찬을 해줌에도 불구하고, 7살 아이는 "엄마, 못 그렸어. 마음에 안 들어. 찢어 버릴거야."라고 하며 정말 그림을 찢어 버리면서 짜증을 낸다. 그리고 그림을 그리고 지우기를 몇 번이나 반복한다.

부모는 7살 아이가 하는 행동이 이제 마음에 들지 않는다. 하지만 엄마는 평소에 아이에게 매번 "일등 해, 잘해야 돼, 우리 ○○○가 최고야."라는 말을 했었다. 아이가 매번 일등을 해야 하고 잘해야 하며 최고가 되어야 한다는 것이 각인되지 않았을까 부모는 염려한다.

그래서 일부러 아이가 그린 그림에 낙서를 해보기도 하고, 물감을 묻히기도 한다. 하지만, 아이는 엄청 화를 내고 울어버린다. 부모는 "왜 우느냐?"하고 소리친다.

사례 2. 청소년 자녀와 함께 영화를 보기를 원하는 부모

한 어머니는 주말에 온 가족이 거실에 모여서 영화를 보는 것이 소원이었다. 아이가 초등학생일 때에는 "예, 바로 갈게요."라고 대답도 잘하고 호응

> 도 잘했지만, 중학생이 되면서 점점 부모와 거리를 두고 자기 방에서 혼자 놀기를 좋아한다. "○○야, 영화 보자?" 하면 "예."라고 대답하지만, 엄마가 원하는 대로 오지 않는다.
>
> 화가 난 엄마는 자녀의 방문을 확 연다. 하지만 아이는 방문을 잠그고 공부한다는 핑계로 문을 열어주지 않는다. 더욱 화가 난 엄마는 방문을 발로 차고 소리를 지른다. 이에 뒤질세라, 아이는 문을 열고 "엄마, 왜 그래요? 공부하는데…." 엄마는 더 화가 났는지 "너 진짜로 공부했어? 어디 보자."라며 컴퓨터를 확인하자, 공부가 아닌 게임을 하고 있었다. 엄마는 주먹으로 아이 머리를 때린다.

사례 1의 자녀는 그림을 완벽하게 그리려고 하는 행동을 보였다. 하지만 부모는 자녀가 완벽하다고 표현했으나 부모가 일상생활에서 자녀에게 어떤 언어와 정서를 표현했는지 살펴보아야 한다. 무조건 잘해야 한다는 것은 어른에게도 스트레스이며, 자칫 강박적 행동을 만드는 원인이 될 수도 있다. 이 자녀는 부모가 자신이 그린 그림에 낙서하고 물감을 묻혔을 때, 오히려 부모에게 화가 날 수도 있다. 부모는 자녀양육에서 상황수정의 정서조절이 필요하다.

자녀는 연령에 맞는 정서발달을 통해서 정서조절이 나타난다. 하지만 부모의 욕심을 통하여 성숙하고 조숙한 아이의 정서조절을 원한다면, 자녀는 착한 아이 콤플렉스의 프레임을 깨지 못하고, 성인이 되어서도 자신을 위한 삶이 아닌 타인을 위한 삶 즉, 부모를 위한 삶을 살아갈 수 있다. 따라서 부모는 아이가 일상생활에서 언제든지 실수도 할 수 있다는 것을 보여주고 경험하도록 해야 한다. 아이 모습대로 상황수정의 정서조절도 경험할 수 있어야 한다. 부모와 아이의 자연스러운 상황을 받아들일 수 있도록 부모의 고정관념적인 상황수정의 정서조절 연습이 있어야 한다. 그래야 아이도 성인이 되어서 부정적인 상황을 긍정적인 상황수정의 정서조절을 할 수 있는 지혜를 익힐 수 있다.

사례 2에서 부모가 자녀의 발달 단계에 대한 정서를 좀 더 파악했더라면, 부모-자녀 간에 불협화음은 나타나지 않았을 것이라는 아쉬움이 남는다. 청소년기 자녀는 자신만의 공간이 있는 환경이 필요하다. 또한, 독립성이 발달하여 부모와의 관계보다는 또래집단과 어울리는 것을 좋아하고, 자신만의 독특함을 주장한다.

하지만, 부모는 자녀가 아직도 초등학생이라는 착각으로 인하여 부모의 안전한 쉼터를 제공하려 하고 계속 감싸고 있기를 원한다. 만약 이러한 상황에서 아이가 공부하고 있다고 생각하고 부모가 "그렇구나, 공부하고 있구나. 조금만 하다 나오려무나."라고 상황을 수정했더라면, 부모-자녀의 관계가 불쾌하지는 않았을 것이다. 그럼에도 불구하고 부모와 청소년기 자녀 간에 이러한 상황을 수정하는 사례가 상당히 많이 발생한다. 따라서 부모는 자녀의 발달 단계에 따른 정서조절 방법을 습득할 필요가 있다. 나아가서 부모 또한 자녀와의 관계에서 부정적인 정서가 아닌 긍정적인 정서조절을 연습할 필요가 있다.

상황수정은 정서에 영향을 주는 상황을 수정하는 정서조절이다. 만약 자녀가 어머니와의 관계에서 발생한 상황의 정서를 긍정적으로 수정하지 못하고, 학교에서 친구와의 관계를 부정적인 정서로 조절한다면, 또 다른 부정적인 정서상황들이 발생할 수 있다.

3) 주의배치와 부모교육

주의배치는 사람들이 주어진 상황 안에서 각자의 정서에 영향을 주기 위해 어떻게 주의를 기울이는가를 의미하는 것이다. 눈이나 귀를 막는 것과 같이 물리적으로 주의를 철회하고 내 · 외부적으로 주의를 전환할 수 있는데, 가장 대표적인 것은 반추와 주의 산만이다.

반추는 정서를 유발하는 사건과 연관된 생각이나 느낌에 초점을 둔다. 이는 슬프거나 화가 나는 사건에 대한 부정적 정서의 강도와 기간을 증가시키고, 우울감의 수준을 훨씬 뛰어넘는 능력과도 연관되어 있다. 주의 산만은 정서상황으로부터 환경을 전환시키거나, 아이가 전체적으로 집중하는 정서 상호작용 중에 그 시선을 바꾸는 것과 같이 상황 모두로부터 주의를 전환한다. 그리고 주의 산만은 맘에 들지 않는 정서상황과 일치하지 않는 생각이나 기억을 떠올리는 것과 같이 내적 초점을 바꾸는 것과 연관되어 있다(Lewis, Haviland-Jones & Barrett, 2008; Gross, 2007).

따라서 주의배치는 상황을 수정하고 변화시키는 것이 불가능할 때 사용하는 것이다. 다시 말하면, 어떤 부정적인 상황에서 다른 곳으로 주의를 돌리거나 몰입을 하는 것이다. 또한, 그 상황에 대하여 계속 반복적으로 반추해보는 것이다. 부정적인 상황에서는 화가 나고, 반추하면 공격성의 싸움의 형태로 나아갈 수 있다.

분노의 상황에서는 먼저 부정적인 생각과 행동이 맞물려서 정서의 초점이 흐려질 수 있다. 대부분 부모는 이러한 상황에서는 현재의 분노상황을 혼란스러워한다. 그러므로 부모 자신이 누구인가를 생각할 수 있도록 해야 한다. 또한, 부모나 자녀가 분노상황을 반추할 수 있도록 상담의 환경을 바꾸어 주는 것도 필요하다. 대부분의 상담자는 상담실 안에서만 하는 대면상담이나 집단상담을 진행하고 있다. 하지만 아름다운 자연환경을 통해서 정서의 초점을 바꾸어 줄 때, 오히려 부모는 분노의 문제를 다른 곳으로 전환할 수 있다. 또는 음악회나 영화를 통해서도 분노의 정서를 전환할 수 있다. 다음 사례를 살펴보자.

사례 1. 화가 나면 동생의 팔을 물어뜯어요

연년생인 자녀를 양육하는 부모는 큰 아이의 행동이 못마땅하다. 놀이나 간식을 먹는 과정에서 큰 아이가 동생의 팔을 물어뜯고 주먹으로 때리며 싸우는 것이다.
자녀는 3세와 5세로 둘다 남자 아이다. 나이가 어리기 때문에 사고를 당하거나 다칠까 염려가 되어, 바깥 활동보다 거의 집에서 엄마와 활동을 한다. 주 1회씩 주말시장이나 쇼핑을 가면 아이들은 가는 곳마다 부끄러울 정도로 난장판을 만든다. 움직이지 못하게 두 아이를 유모차에 태워서 쇼핑하는 것이 다반사다. 먹는 것도 두 아이에게 똑같이, 옷도 똑같이 사준다. 그런데도 큰 아이는 매번 "나는 많이….많이."라고 투정부린다. 엄마는 자녀양육을 잘한다고 생각했는데, 아이의 행동을 보면 당황스럽다.

사례 2. 자신의 잘못을 깨닫지 못하는 아동

초등학생 중에 고등학생처럼 키가 큰 아이가 있다. 이 아이는 학교에서 성숙한 아이로 보이고, 친구들을 왕따시키는 행동을 한다. 때때로 친구들을 위협하기도 하고 윽박지르기도 한다. 매번 잘못을 뉘우치고 반성문을 쓰지만 고쳐지지 않고, 아이는 왜 잘못했는지를 깨닫지 못한다. 어머니 역시 화가 나고 왜 우리 아이만 이렇게 잘못이라고 하는지 이해하지 못한다.

> 이 아이는 삼형제 중 막내이다. 아이는 집에서는 온순한 양처럼 부모님의 말씀을 아주 잘 듣고 순수하고 착하게 생활하지만, 학교에서 전혀 다른 생활을 한다. 집에서는 형들과 부모에게 순종하며 따르며, 화가 나거나 짜증이 나도 형들과 부모에게 솔직한 감정을 제대로 표현한 적이 없다. 이러한 감정이 학교에서 또래 친구들에게 윽박지르고, 물건을 던지고, 싸우는 행동으로 변했다. 하지만, 아이는 항상 자신의 문제로 잘못을 뉘우치는 것이 아니라 친구가 잘못했다는 것이다.

사례 1에서 큰 아이가 동생의 팔을 물어뜯거나 때릴 때는 아이에게 환경과 정서를 변화시키는 것이 필요하다. 환경 변화시키기에서 가정에 가구와 놀이기구의 위치를 바꾸는 것도 중요하지만, 영유아기의 발달 단계에 있는 두 자녀의 정서를 살펴보는 것이 중요하다. 이때는 대상관계인 친구와의 관계를 통해서 사회성도 발달하는 과정이다. 그럼에도 부모는 사고 나고 다칠까 염려해서 주로 아이들의 활동을 가정 안의 범위에서만 한다.

아이들은 주변 환경에 관심을 돌리고 자신을 조절하고, 통제하며 한편으로는 자율성을 형성한다. 따라서 자연을 통한 놀이와 학습을 경험하거나, 또 다른 환경을 접할 수 있도록 또래 집단인 교육기관에 연계도 필요하다. 부모 또한 자녀로 하여금 부정적인 정서행동을 축소시키기 위해서는 부모의 눈높이가 아닌 자녀의 눈높이에서 건강한 주의배치를 할 수 있는 노력이 필요하다.

사례 2에서 부모는 자녀에게 발생한 문제를 자녀 스스로 왜 이러한 문제가 발생했는지, 자신을 반추하는 정서조절의 교육을 연습시켜야 한다. 아동기에는 또래 집단을 통해서 친밀감을 형성하고 서로 다름을 이해하며 관계를 형성하는 과정이기도 하다. 만약 부모가 아이에게 학교에서 일어난 상황에 대한 정서조절을 일상생활에서 종종 연습하도록 했다면, 어떤 결과가 나타났을까?

4) 인지변화와 부모교육

인지변화는 상황 자체 혹은 그것을 통제하는 능력에 대해 어떻게 생각하는지를 변화시키며 상황에 대한 정서적 중요성을 변화시키는 방법으로 정서에 대한 평가를 재해석한다(Gross, 2002). 재해석은 그 상황에 대한 개인의 정서반응에 변화가 생기는 방법으로 상황에 대한 의미를 바꾸고, 내적인 정서를 변화시키며 부정적인 정서를 감소시킨다.

최근 재해석에 대한 연구는 특히 부정적 정서에 대한 감소라는 의미에서 정서의 양적 변화에 초점을 맞추고 있다. 이러한 연구들은 재해석이 부정적 정서경험과 표현 행동을 감소시킨다고 주장한다. 재해석은 놀라는 반응, 신경내분비적 반응, 자동 반응을 감소시킨다. 부정적인 정서를 일으키는 상황에서도 재해석을 사용하는데, 상황에 따라 일상생활에서도 모두 이 재해석 방법을 사용하고 있다. 이러한 발견은 정서를 조절하는 것을 다루는 연구에서 생태학적 타당성을 가지고 있다.

재해석이 전전두엽 영역의 활성화를 상향 조절하는 데 사용될 때, 편도체와 같은 정서를 유발시키는 구조물의 활성화는 다소 감소한다. 또한, 서로 모르는 대상자들이 서로 친하게 되는 과정에서도 인지적 재해석을 사용한다. 이러한 재해석은 정서유발 과정 초기에 개입하고, 경험적·행동적·생리적 정서반응의 요소를 변화시킨다(Lewis, Haviland-Jones & Barrett, 2008; Gross, 2007).

인지변화는 부모가 아이를 양육하는 과정에서 아이의 정서반응 발달에도 도움을 준다. 아이의 재평가를 통한 그 경험을 토대로 성장 후에 재평가하는 방법에 영향을 미친다. 이러한 인지변화에 대한 재평가는 나라마다 문화적으로 부정적인 정서를 표현하는 것이 다르다(Gross, 2007).

따라서 인지변화는 부모가 처한 장면이나 자녀에게 발생한 사건을 재해석함으로써 그 의미를 적절하게 선택할 수 있는 것이다. 또한, 상황에 대한 부모의 생각을 변화시키는 것이다.

인지변화는 다양한 고민과 생각을 할 수 있는 뇌와 관련이 있음을 알 수 있다. 이러한 것들은 정서의 반응과 관련이 있다. 분노상황에서는 부모가 스스로 재해석과 평가를 하기가 어려울 수 있다. 하지만, 부모가 긍정적인 정서조절 연습과 노력을 하고 재해석과 평가를 함으로써 부모의 삶은 새로운 변화가 올 수 있다. 다음 사례를 살펴보자.

사례 1. 부모 품을 벗어나지 않으려는 아이

아이는 1년 후면 초등학교에 다녀야 한다. 그동안 아이는 부모가 운영했던 유치원을 영아기부터 6세까지 다녔다. 유치원에 계속 다니다가 초등학교에 입학할 수도 있지만, 부모는 아이를 또 다른 환경에 적응시키려고 한다. 부모 곁이 아닌 새로운 환경에 적응하는 연습이 되어야 학교생활도 잘 할 수 있다는 것이다. 하지만 아이는 아침마다 발을 동동 구르고 한바탕 소란을 피운다. 가지 않겠다고 슬프게 운다. 우는 아이를 부모는 뒤도 쳐다보지 않고 차에 태워 보낸다. 보내는 부모도 마음이 아프다. 그렇지만 부모는 아이가 성장하기 위해서는 이러한 변화도 필요하다고 주장한다.

사례 2. 자녀의 독립을 두려워하는 부모

초등학교 때부터 전교 1등을 하는 자녀를 둔 부모가 있었다. 부모는 자녀를 극진히 보살폈다. 세상에서 우리 아이 말고는 보이지 않았다. '우리 아이가 최고'라는 자부심을 가지고 있었다. 하지만 자녀는 성장하면서 부모의 품을 벗어나길 원했다. 자신의 꿈을 펼치기 위해서 더 넓은 세상으로 가기를 원했고 국외 유학을 통해서 꿈을 성취하고 싶어한다.
그러나 부모는 '무조건 우리 아이는 부모의 품에서 꿈을 만들어가야 한다.'라는 생각이다. 초등학생 때에는 부모-자녀 간에 별다른 갈등이 없었지만, 고교생이 되고 대학생이 되면서 점점 부모-자녀의 관계가 예전보다 소홀해지고, 대화도 점점 줄어가고 있다. 이러한 문제를 어머니는 아버지에게 "아이에게 관심이 없다. 왜 방임하냐?"라고 속앓이를 드러냈지만, 아버지는 "아이 마음대로 해라."라고 하니 어머니 혼자 힘들어 한다.

위의 사례 1에서 유아기 자녀와 부모의 분리 과정을 볼 수 있다. 유아기는 대소변을 훈련시키는 시기이면서 자아도 발달되는 시기이다. 또한, 양육자와의 관계에서 분리되는 중요한 시기이다. 위의 사례처럼 자녀와 충분한 대화를 나누지 않고 부모의 자녀양육 방법대로 타기관에 보내는 것이 아니라 자녀가 이해하도록 설명이 필요하다. 그 상황을 인지하고 평가하는 재해석의 긍정적인 방법이 있어야 한다. 만약 아이가 상황을 이해하지 못하는 상황에서 그동안 성장했던 환경을 부모의 재해석 평가를 통해 강제로 진행한다면, 오히려 아이는 타기관의 새로운 환경에 적응하지 못하고 마음속에 두려움과 불안이 나타날 수 있다. 유치원 교육과정을 마치고 초등학교 교육과정에 적응하는 과정에도 긍정적 정서경험보다는 자칫 부정적인 정서경험이 떠오르면서, 새로운 환경에 적응할 때마다 두려움과 불안이 자녀의 성장에 반복적으로 부정적인 영향을 미칠 수 있다. 따라서 타기관에 의뢰한 교육일지라도, 부모는 지속적으로 자녀가 어디에 관심을 두는지를 부모가 아닌 자녀의 입장에서 재해석이 필요하다.

사례 2를 살펴볼 때, 부모가 자녀와의 관계형성에서 좀 더 부모의 틀을 수정하고 자녀의 눈높이에서 바라보았으면 어땠을까? 따라서 부모는 자녀의 발달 단계에 맞추어서 정서조절의 방법을 습득해야 한다. 자녀의 행복과 부모의 건강하고 행복한 미래를 위해서 인지변화가 있어야 한다. 인지변화는 정서조절을 위해 적절한 의미를 선택하는 것이다. 자녀는 영원히 부모의 물건이 아니며 언젠가는 부모 곁을 떠나 한 가정을 이루는 독립체이다. 자녀가 건강하고 행복한 가정을 세우기 위해서는 부모는 건강한 인지변화로 재인식을 해야 한다. 아무리 자녀가 잘나고, 공부를 잘했고, 유능할지라도 부모는 건강한 재평가의 인지변화의 정서조절을 해야 한다.

5) 반응조절과 부모교육

반응조절의 마지막에 나타나는 반응경향은 비교적 체험적 · 생리적 · 행동적 반응에 영향을 준다. 예를 들어, 운동이나 휴식은 부정적 정서의 물리적 · 경험적 측면을 감소시키는 데 사용할 수 있다. 또한, 술이나 담배 그리고 약물이 부정적 정서의 생리적 및 경험적 양상을 줄이기 위해 이용될 수 있다. 그리고 반응조절은 정서표현 행동을 조절하는 데도 관련이 있다.

부모가 자녀에게 느낀 감정을 표현하도록 하는 것이 정서관리 능력에도 영향을 주며, 상황에 따라 다를 수 있다. 개인의 정서표현 역시 개인마다 차이가 있고 문화적 차이에 따라 다르게 나타난다(Gross, 2007). 따라서 반응조절은 부모의 정서표현을 변화시키는 것이다. 부모–자녀의 관계에서 부모나 자녀가 엄청난 분노 등의 부정적인 정서가 폭발할 정도이면 내향성과 외향성의 성격에 따라 다르게 표현을 한다.

대부분 내향성의 부모는 자신의 분노를 억압하는 행동으로 한숨을 쉬거나 눈물을 흘리기도 한다. 외향성의 부모는 자신의 분노를 큰소리로 나타내며, 공격성의 제스처를 취하고 분노의 감정을 표현한다. 상담자는 부모의 분노정서경험이 부모의 어린 시절에서부터 현재 부모가 되기까지를 되돌아보도록 생애주기의 곡선을 반추해보는 것도 중요하다. 그러므로 부모의 생애주기에 따른 부정적인 정서경험이 긍정적으로 반응할 수 있도록 정서조절 연습이 중요하다. 다음 사례를 살펴보자.

사례 1. "나는 최고야."라고 하는 아이

이이는 친구와의 관계에서 "그게 아니야! 너는 그것도 못해?"라고 소리친다. 상대방 아이는 "너 왜 그래? 칫! 네가 뭐 공주니?"라고 한다. 그러면 아이는 "그래, 나는 공주다. 내가 최고야!"라고 한다. 이 아이는 뭐든지 자신이 최고라고 말한다. 엄마에게도 "엄마는 이것도 몰라?"라고 한다. 이 아이는 유치원생치고 몸무게가 많이 나간다. 그리고 밥을 많이 먹으며 짜증나고 화날 때에는 초콜릿을 입에 달고 산다. 부모는 우리 아이가 제발 날씬해지면 좋겠다고 한다. 하지만 문제는 이 아이가 자신이 최고라고 하며, 또래 친구들을 무시하는 언어와 행동이다.

사례 2. 재혼가정의 자녀

아동기에 어머니를 잃고, 가정에 새어머니가 들어왔다. 평소에 막내 아들만 사랑했던 아버지는 아들이 아닌, 새어머니와 더 가까워졌다. 아이는 새어머니의 극진한 사랑과 돌봄에도 불구하고, 중학교를 다니면서 집보다는 바깥 활동을 선호하였다. 공부보다는 PC방에 다니면서 게임과 영화 등을 즐기며 놀았다. 고등학생이 되어서는 술집에 다니고 오토바이를 타고 다니며, 친구들과 어울려 다녔다. 술과 담배를 기본적으로 생활화하였다.
그런데 어느날 오토바이를 타고 가다가 교통사고가 났다. 함께 놀러간 친구들이 모두 사망하고 자신만 남았다. 충격으로 인하여 정신적으로 힘든 생활을 하였다. 부모는 이러한 자녀를 그냥 두지 않았다. 더욱 억압하고, 강압적으로 공부를 시키고, 친구들과 단절시켰다. 하지만, 부모가 그럴수록 아이는 정서를 표현하지 못하고 약물과 함께 생활을 하였다.

위 사례 1에서는 아이에게 또래 친구들을 무시하는 언어와 행동이 나타났다. 부모는 자녀의 정서경험에서 부정적인 상황도 긍정적으로 돌릴 수 있는 반응도 연습시켜야 한다. 사례에서 아이는 화가 나거나 짜증이 나면 초콜릿이나 과자를 찾았다. 유아의 체중이 과다함에도 먹는 것에 반응한다면, 건강하게 성장하기 어렵다. 그리고 아이의 또래 친구들을 무시하는 언어와 행동은 부모나 또 다른 환경을 통해서 답습했거나 자기중심적인 사고에서 나타날 수도 있다. 유아기의 학령전기에는 집 밖에서 발생하는 다양한 정서경험을 통해서 질투심이 생기기도 하고, 때로는 자신의 감정을 숨기고 또 다른 반응으로 정서를 조절하는 경우도 있다. 따라서 부모의 건강한 반응조절의 정서조절을 보여줌으로써, 자신과 타인의 관계형성을 긍정적으로 수용해 나갈 수 있는 연습도 시키는 것이 필요하다.

위 사례 2에서 안타까운 것은 어머니의 사망과 그리고 새어머니와 아버지의 재혼으로 부모의 재혼을 경험하지 않은 자녀에 비하여 또 다른 정서의 경험으로 어려움을 겪었음을 알 수 있다. 청소년기는 질풍노도의 시기이다. 부모는 청소년기의 정서발달에 대한 민감성이 필요하다. 마냥 어린아이로 생각한다면 자칫 크고 작은 충돌이 발생할 수 있다. 따라서 청소년기의 부모는 반응조절에 대한 정서조절을 알아야 한다. 청소년은 인지적, 정서적 그리고 행동적 정서경험을 때로는 약물 등을 통해 행동하거나 표현한다. 이때 부모와 자녀의 관계형성이 극단적으로 단절되는 경우도 있다. 또한, 자칫 정서의 어려움을 표현하지 않고 감춤으로써 또 다른 생명까지 잃을 수도 있다. 반응조절은 정서조절이므로 부모는 자녀의 행동과 정서적인 경험들을 좀 더 배려하고 기다려 줄 수 있는 믿음과 신뢰가 필요하다. 부모가 기다려주고 믿어줄 때, 자녀들은 부모를 믿는다.

2 Enright의 용서이론과 Gross의 정서조절

천하의 모든 물건 중에는 내 몸보다 더 소중한 것이 없다.
그런데 이 몸은 부모가 주신 것이다.

– 율곡 이이 –

Enright의 용서이론은 자신과 타인의 관계형성에서 발생하는 부정적인 상황에서 용서하는 것이다. 용서이론의 핵심은 인지적 · 정서적 · 행동적 측면을 강조하는 것이다. 즉, 인지변화를 통한 재구성의 과정이다. 예를 들어 부모와 자녀의 관계형성에서 분노상황에 놓여 있다면, 부모가 자녀를 용서하기 위해서 인지적, 정서적 그리고 행동적 인지변화가 필요하다. 부모에게 자녀를 용서할 수 있는 긍정적이고 능동적인 정서조절을 재인식하는 평가과정이 중요하다. 용서는 긍정적이고 능동적인 인지에 초점을 둔 재평가이다. 부모가 자녀를 용서하지 않거나 자녀가 부모를 용서하지 않는다면 자신과 타인 그리고 가족구성원, 나아가서 사회에도 악영향을 미친다.

이아름(2009)은 〈정서조절이 신체증상에 미치는 영향: 용서와 복수의 매개효과〉를 대학생과 일반인 464명의 설문조사를 통하여, 용서는 신체증상을 감소시키고 복수는 신체증상을 증가시키는 것으로 나타났다. 따라서 자신에게 상처나 피해를 준 상대를 용서하는 것은 신체건강에 긍정적 영향을 줄 수 있으나, 복수동기를 가지는 것은 신체증상을 증가시켜 건강에 악영향을 미친다는 것을 알 수 있다. 즉, 부모–자녀 관계에서도 용서는 부정적인 정서조절이 아니라 긍정적인 정서조절을 향상시키고 촉진시킨다는 것을 시사한다.

강주리(2010)는 〈부모의 양육행동 및 남녀청소년의 정서지능이 용서수준에 미치는 영향〉에서 부모의 긍정적 양육행동과 청소년의 높은 정서지능은 청소년의 용서수준을 높이는 반면, 부모의 부정적 양육행동과 청소년의 낮은 정서지능은 용서수준을 낮추는 것으로 나타났다. 이는 부모가 자녀를 양육하는 과정에서 긍정적인 용서의 인지정서 행동이 긍정적인 정서조절을 필요로 함을 알 수 있다.

용서와 정서조절 관계는 중요하다. 그리고 용서는 어떤 상황에서 어떻게 반응하느냐가 중요하다. 용서가 필요한 모든 상황에는 부적정서가 선행할 수 밖에 없다. 개인에게 상처나 불이익을 주는 주체가 무엇이든지 일단 상처를 받은 개인은 부적정서를 경험하게 된다. 또한, 불안, 우울, 분노 등의 부적정서는 용서하지 않는 것과 복수, 회피 반응의 결과로도 생겨날 수 있다(Brown, 2003; Berry et al., 2005; Barber, Maltby & Macaskill, 2005) 따라서 용서는 복수 상황에서 정서를 잘 조절한다는 것으로 상처를 잘 극복하고 건강한 상태로 돌아간다는 의미일 수 있다(이아름, 2009). 용서는 부정적인 감정뿐만 아니라 비건설적인 인지와 행동을 조절하는 것을 필요로 한다(Allemand, 2008).

Gross는 개인이 어떤 상황에서 주로 사용하는 정서조절로 인지적 재해석의 방략과 억제방략을 사용한다고 주장한다. 또한 정서조절에서 정서는 사람, 상황, 관계 속에서 개인이 생각하는 평가에 따라 다양한 반응에 영향을 받으며 일어난다고 주장한다. 정서반응은 개인의 정서경험과 행동 그리고 생리학적 변화에도 영향을 준다. Gross의 정서조절은 사람들이 어떠한 상황에서 발생할 수 있는 정서조절에 대하여 상황적인 평가와 재해석의 인지변화에 초점을 두었다. 즉, Gross의 정서조절은 인지에 초점을 두고 상황에 따라 평가를 하고 재해석을 함으로써 반응조절이 일어난다.

부모가 자녀를 양육하는 과정에서는 자녀와의 관계에서 항상 긍정적인 정서만 표현되는 것은 아니다. 종종 부정적인 정서는 과거의 경험과 현재의 경험 그리고 미래에 대한 정서와 관련되어 나타날 수 있다. 만약 긍정적인 정서가 표현될 때는 의사소통이나 공감 등이 잘 되지만, 반대로 화나 분노, 공격성 등의 정서가 표현되면 자칫 의사소통이 단절되고, 폭력이나 죽음의 문턱까지 가는 상황도 발생한다. 또한, 부모-자녀에게도 정신건강에 악영향을 미친다.

인지이론에서는 정서를 인지적 측면에서 접근하며 핵심적인 개념은 평가이다. 평가는 자신의 관심이나 목표, 안녕과 관련된 상황이나 대상에 대한 판단이다. 이는 상황의 특성이나 대상에 대한 기대, 과거의 기억 등에 근거해서 이루어진다. 이러한 평가에 의해 대상이나 상황이 자신에게 어떤 영향을 줄 수 있을지를 판단하게 된다. 즉, 인지이론의 평가에서는 상황 자체가 아니라 상황에 대한 개인의 평가에 따라 정서적 경험이 결정된다.

즉, Gross의 정서조절은 개인이 어떤 상황에 대하여 인지에 초점을 둔 평가와 재해석을 통해 능동적으로 생각을 변화시키는 것이다.

용서이론에서는 상담자가 내담자를 긍정적이고 능동적인 자원을 가지고 있다고 본다. 따라서 부모-자녀의 문제를 부정적인 상황의 문제로만 보는 것이 아니라 부모만의 긍정적인 독특성을 본다. 따라서 부모가 가지고 있는 부정적인 상황의 문제를 긍정적으로 접근하는 인지에 초점을 두는 용서이론이다. 긍정적인 상담접근은 부모의 부정적인 정서경험을 긍정적이고 능동적으로 조절하기 때문에 부정적인 정서를 감소시킬 수 있다. 그러므로 Enright의 용서이론의 용서상담은 Gross의 정서조절 이론과 연계할 수 있는 상담이론이다. 즉, 부모가 어떤 상황에서 부정적으로 정서조절을 하는 것을 감소시키고, 긍정적이고 능동적으로 변화할 수 있도록 인지에 초점을 두는 것에 연계성이 있다. 따라서 부모교육에서 정서조절 교육을 함으로써 부모뿐만 아니라 자녀의 정신건강에도 긍정적인 영향을 줄 수 있다.

3 부모교육과 정서조절의 상담 과제

부모교육과 관련된 정서조절 상담 프로그램은 그리 많지 않다. 프로그램을 더 개발하기 위해서는 부모교육에 관심을 가진 많은 상담자의 노력이 필요하다.

첫째, 부모의 양육행동은 자녀의 정서조절에 영향을 미치는 것이다. 부모-자녀의 관계는 상호작용 한다. 또한, 관계의 형성이며 선택의 권리가 있다. 부모는 자녀를 양육하고 돌보아야 하는 책무성이 있다. 그럼에도 불구하고 아직도 부모됨의 권리에 대한 책무성을 소홀히 여기는 부모가 종종 있다.

부모는 자녀를 양육하는 과정에서 상황에 따라 스트레스 등으로 인해 인격적인 책무성을 감당하지 못할 때도 있다. 그리고 책무성 때문에 부모는 자녀를 훈육하는 과정에서 부정적인 정서경험을 심어주는 경우도 있다. 부모의 부정적인 정서경험은 고스란히 자녀에게 전해진다. 부모의 권리와 책무성을 완벽하게 수행하는 것은 불가능하다. 오히려 완벽하게 부모의 권리를 수행하다 보면, 부모와 자녀 간의 관계형성이 깨질 수 있다.

어떤 부모는 어린 시절에 양육자로부터 부정적인 아픔의 정서를 가지고 있기도 하다. 이러한 정서경험이 있는 아픔의 상처를 자녀에게 투사하기도 한다. 상담자는 부모의 상처에 관해 경청하는 공감능력도 갖추어야 한다. 부정적으로 정서조절하는 부모는 공감과 경청이 어렵다. 따라서 부정적인 정서조절의 양육이 아니라, 긍정적인 정서조절을 할 수 있는 부모교육과 관련된 상담 프로그램들이 모색되어야 한다.

상담 프로그램들은 자녀의 발달 단계와 부모교육을 맞물려야 한다. 자녀 또한 부모에게 자녀로서 해야 할 도리를 완벽하게 하는 것은 힘든 일이다. 부모가 자녀를 출산했을지라도 자녀는 부모를 선택하지 않았지만, 이미 부모는 자녀를 선택하였다. 따라서 부모와 자녀의 건강하고 행복한 관계를 유지하는 상담자의 촉진제 역할의 상담치료가 필요하다. 즉, 정신이 건강해야 육체도 건강하다.

자녀의 학교생활과 인간관계에도 긍정적인 영향을 미칠 수 있다. 부모-자녀의 건강한 관계형성의 회복은 가정과 사회에 행복하고 긍정적인 에너지를 창출하는 근원이 될 수 있다. 그러므로 부모와 자녀의 정서조절을 위한 프로그램들은 미술, 놀이, 음식, 스포츠 등의 다양한 도구와 소재들을 매체로 사용하여 긍정적이고 능동적으로 정서조절을 할 수 있는 목적에 중점을 두고 지속적으로 연구해야 될 것이다.

둘째, 부모교육에서 빠질 수 없는 것은 가족구성원의 관심과 협조이다. 부모와 자녀가 머무르는 가정은 작은 공동체이다. 부모가 자녀를 양육하는 것은 부모만의 책임일 수 있다. 그러나 가정은 작은 사회이기도 하지만, 하나의 환경이다. 함께 사는 가족구성원 또한 그 환경에서 동거동락(同居同樂)할 때에는 더불어 긍정적인 정서조절에 힘을 합해야 한다. 따라서 앞으로 부모교육과 가족구성원을 상대로 정서조절의 프로그램을 연구해야 할 것이다. 가족은 집단이기도 하다. 따라서 개인상담도 중요하지만, 가족을 대상으로 하는 정서조절 집단상담 프로그램을 개발하는 것이 중요하다. 가족집단상담의 장소는 상담실뿐만 아니라, 자연이 함께하는 환경의 장소나 각 가정의 정서에 맞는 도구들을 사용하는 것이 도움될 것이다.

셋째, 부모교육에서 자녀양육은 부모만이 아니라 사회와 문화에도 영향을 미친다. 즉, 부모의 부정적인 양육방법이 학교와 사회에 부정적인 영향을 미친다. 따라서 부모가 자녀를 건강하게 양육하기 위해서는 공공기관이나 교육기관에서 지속적인 정서조절과 관련된 프로그램을 연계하여 개발되어야 할 것이다.

넷째, Gross의 정서조절 이론은 인지에 초점을 두는 이론이다. 또한, 부모교육에 접목할 수 있는 재해석과 재평가이다. 건강한 자녀 뒤에는 건강한 부모가 있다. 건강한 부모는 자녀를 존중하고 사랑한다. 자녀 역시 부모를 존중하고 사랑한다. 그런데 왜 부모-자녀의 관계에서 부정적인 정서의 충돌이 일어날까? 문제는 부모가 자녀를 사랑하는 기술의 이해부족이다. 부모는 긍정적인 용서와 사랑의 기술이 필요하다. 성장하는 부모-자녀의 관계는 서로 지속적으로 긍정적인 정서조절의 노력과 연습이 필요하다. 따라서 부모-자녀의 관계에서 발생하는 부정적인 정서상황은 언제, 어디서, 어떻게 부정적인 정서조절이 나타날지 모른다. 그러므로 상담자들은 부모와 자녀의 건강한 관계회복을 위해서 긍정적이고 능동적인 정서조절에 목적을 두는 프로그램을 지속적으로 개발해야 할 것이다.

CHAPTER 06

부모교육과 정서조절 프로그램의 실제

부모교육은 대부분 부모나 자녀의 성격으로 초점을 맞추는 경우가 많다. 하지만, 부모-자녀의 관계에서 공감과 소통이 이루어 지려면, 먼저 정서를 들여다보는 것 이 중요하다. 정서는 상황에 따라서 날씨와 같이 변화무쌍하다. 이러한 정서를 일상 생활에서 매일 느끼는 것은 쉬운 일이 아니다. 하지만 부모가 이러한 정서와 관련해서 정서조절을 통한 부모교육을 배우고 연습하고 노력함으로써 건강하고 긍정적인 정서 조절을 할 수 있나.

이 장에서는 정서조절에 대한 프로그램을 실제적으로 Enright의 용서이론과 Gross의 정서조절을 접목하여 재구성하였으며, 부모 교육에서 정서조절 프로그램이 어떻게 진행되는지를 살펴보고자 한다.

1 부모교육 정서조절 프로그램의 필요성과 개발의 방향

부모는 자녀가 성인이 될 때까지 항상 긍정적인 정서를 가지고 양육하지 못한다. 다만, 부모의 책무성을 다하려고 꾸준히 노력하는 것이다. 자녀 양육과정에서 부모는 긍정적인 정서를 가지거나 부정적인 정서를 가질 수 있다. 부모가 부정적인 정서상황에 있다면, 대부분 부모는 부정적인 정서조절을 자녀에게 표현한다. 힘의 논리에서 자녀는 부모보다 약자이며, 부모는 자녀보다 강자이다. 약자는 강자에게 질 수밖에 없다.

그러므로 부모는 건강한 자아상을 가지고 자녀교육에 책무성을 감당해야 한다. 건강하지 못한 부모의 자아상을 가지고 있다면, 대부분 부정적인 정서조절을 한다.

부정적인 정서상황에서는 건강한 부모와 자녀는 없다. Gross가 주장한 정서조절 이론은 인지에 초점을 두며, 부모는 자녀를 양육하는 과정의 상황에서 재인식과 재평가를 하는 것이다. 부정적인 정서상황에서는 Gross의 이론을 토대로 설명한다면, 부정적인 상황선택 · 상황수정 · 주의배치 · 인지변화 · 반응조절의 정서조절이 나타날 것이다.

만약 이러한 부정적인 정서조절이 지속된다면, 부모-자녀 관계형성은 건강한 부모-자녀의 관계로 회복되기 어렵다. 부모는 자녀를 불신하고, 자녀 또한 부모를 불신함으로써 박탈감을 느끼며 믿음과 신뢰는 이루어지지 않는다. 그리고 건강하고 행복한 가족이 형성되기 어렵다.

Gross는 정서와 관련된 정서조절은 사람들이 살아가는 동안 매일의 일상생활 대화에서 나타난다고 하였다. 그 경계선도 모호하기 때문에 부드러운 정서의 강도에서 강한 정서의 강도까지 나타난다. 그 정서는 단순하기도 하지만 복잡한 것도 포함되고, 사적인 것부터 공적인 것까지 범위는 매우 포괄적으로 나타난다고 하였다. 또한 이러한 정서조절은 부정적이기도 하고 긍정적이기도 하며, 의식적이며 무의식적이다. 따라서 정서조절의 과정은 5가지이며 상황선택, 상황수정, 주의배치, 인지변화, 반응조절이다.

Gross의 정서조절 이론은 Enright의 용서이론과 접목할 수 있다. Enright의 용서이론의 과정은 4단계로 분노발견하기, 용서결심하기, 용서실행하기, 용서심화하기의 단계가 있다.

부정적인 정서상황으로 예를 들면, 부모가 자녀의 양육과정에서 분노나 화 그리고 공격성 등의 정서 표현을 자녀에게 표현한다. 자녀는 자신에게 잘못이 없었다고 생각했다면 억울한 마음이 들어 마음에 상처가 생길 수 있다. 이러한 상처는 부정적인 정서로 남을 수 있다. 따라서 자녀 역시 화가 나고, 눈물이 나며 분노가 발생할 수 있다. 자녀는 이 정서를 친구관계나 학교생활 등에서 부정적인 정서로 표현할 수 있다.

그러므로 부정적인 정서상황을 긍정적으로 정서조절하기 위해서는 최초로 부정적 정서의 시발점이 되었던 부모-자녀의 관계 또는 각각 자신의 상황에서 용서를 실행하는 과정이 필요하다. 이러한 용서의 과정은 인지적, 행동적 그리고 정서적 측면을 통합한다. 용서의 초점은 부모나 자녀 등의 내담자 자신의 인지적 변화에 있다.

즉, 이러한 용서과정은 정서조절 과정이다. 부모교육에서 정서조절은 부모나 자녀 등의 내담자가 용서하지 못할 정서상황, 결국 부정적인 정서경험의 상황을 재해석과 평가를 통해서 용서하는 재구성이 중요하다. 용서는 정서조절이며, 정서조절은 용서이다. 그러므로 부모의 용서는 긍정적이고 능동적인 정서조절이 필요하다. 따라서 본 프로그램은 Gross의 정서조절 이론과 Enright의 용서과정을 연계하고 재구성하여 개발하였다.

2 부모교육 정서조절 프로그램의 목적

본 프로그램의 개발 목적은 Gross의 정서조절 이론과 Enright의 용서이론을 토대로 부모가 자녀를 양육하는 과정에서 발생할 수 있는 부정적인 정서상황과 경험 속에서도 인지적, 정서적 그리고 행동적으로 부정적인 정서조절을 감소시키고, 긍정적인 정서조절을 향상시키는 데 있다. 따라서 부모가 부정적인 정서 경험과 상황에서도 긍정적인 생각으로 바꾸고, 능동적인 사고와 행동의 정서조절을 일상생활에서 매일 연습과 노력을 통하여 정신건강한 부모·자녀가 됨으로써, 가정과 사회의 행복을 촉진하는 데 그 목적이 있다.

3 부모교육 정서조절 프로그램의 구성

본 프로그램의 구성은 Gross의 정서조절 과정인 상황선택, 상황수정, 주의배치, 인지변화, 반응조절과 Enright의 용서과정인 분노발견 단계, 용서결심 단계, 용서실행 단계, 용서심화 단계를 재구성하였다. Gross의 이론으로 5단계의 중점영역 두고, Enright의 용서이론으로 접목하여, 10회기로 재구성하였다.

중점영역인 상황선택에서는 자기 자신이 누구인지를 인지하고, 인생을 어떻게 살아왔는지, 내가 원하는 삶을 살아왔는지, 아니면 타인의 선택에 의해서 살아왔는지를 재인식을 통해 집단원 간에 친밀감을 형성하고, 서로 다름을 인정한다. 또한, 상황선택의 중요성을 인식하는 것이다. 정서조절 프로그램에서 1회기는 나는 누구인가, 2회기는 나를 돌아보기이다.

상황수정에서는 자신의 신체 구조마다 역할이나 존재의 필요성이 있듯이 과연 자신의 존재와 역할이 무엇인지를 인지하고, 자신에게 만들어진 자아상을 인지하며, 자기의 감정과 타인의 감정을 수용과 인지를 통해 비합리적인 자아상을 수정할 수 있는 재인식의 중요성을 인지하는 것이다. 정서조절 프로그램에서 3회기는 나의 자아상, 4회기는 나의 자아 수정하기이다.

주의배치에서는 자신의 현재 살고 있는 환경을 돌아보는 인지를 통해 자기의 감정과 타인의 감정을 인지하고 부정적인 감정이 아닌 긍정적인 감정을 재인식하도록 하였다. 정서조절 프로그램에서 5회기는 나의 환경 둘러보기, 6회기는 수정된 자아 고정하기이다.

인지변화에서는 자신의 관점을 바꾸는 용기를 가짐으로써 수용과 공감을 통해 자신으로부터 자유로움을 가질 수 있는 재인식이 필요하다. 정서조절 프로그램에서 7회기는 용서에 눈을 뜨기, 8회기는 용서 선택하기이다.

반응조절은 그동안 삶의 부정적인 정서경험을 긍정적으로 심리전환하는 것으로 용서를 통해 긍정적이고 능동적인 삶을 새롭게 출발하는 것이다. 정서조절 프로그램에서 9회기는 용서로 시작하기, 10회기는 새로운 용서의 삶이다.

프로그램 진행시에 사용되는 준비물은 곡식류, 야채류, 과일류, 미술도구, 의류 등 다양한 소재를 사용한다. 부모의 연령이나 정서에 따라 그리고 문제 상황에 따라 소재들은 달라질 수 있다.

프로그램 진행 소요시간은 90분에서 120분이 소요된다. 도입과 활동에서 사용되는 소재와 도구들은 다양한 부모들의 상황에 맞추어서 적용하는 것이 바람직하다.

〈표 6-1〉 **정서조절 프로그램의 구성**

중점영역	회기	프로그램	활동내용	시간
상황선택	1	나는 누구인가?	1. 프로그램 소개하기 2. 서약서 및 설문지 작성하기 3. 별칭 짓고, 자기소개하기 4. 프로그램 소감 나누기	120분
	2	나를 돌아보기	1. 나의 생애주기 나누기 2. 상황선택 설명하기 3. 생애 인생곡선 그리기 4. 프로그램 소감 나누기	120분
상황수정	3	나의 자아상	1. 나의 신체구조 관찰해보기 2. 나의 신체구조의 역할 표현하기 3. 나의 자아상 만들기 4. 프로그램 소감 나누기	120분
	4	나의 자아 수정하기	1. 내가 자주 사용하는 감정 언어들은? 2. 부모와 자녀가 주고받는 감정언어 들어보기 3. 상황수정 설명하기 4. 나의 얼굴, 자녀의 얼굴 꾸며보기 5. 프로그램 소감 나누기	120분
주의배치	5	나의 환경 둘러보기	1. 다양한 정서표현 관찰하기 2. 내가 하고 싶은 말, 듣고 싶은 말은? 3. 나만의 쉼터 공간 꾸미기 4. 프로그램 소감 나누기	120분
	6	수정된 자아 고정하기	1. 나와 자녀의 장점 목록 만들기 2. 주의배치 설명하기 3. 칭찬 꽃바구니 만들기 4. 프로그램 소감 나누기	120분
인지변화	7	용서에 눈을 뜨기	1. 용서 단어에 대한 느낌 나누기 2. 용서에 대하여 설명하기 3. 용서를 상징하는 만다라 그리기 4. 프로그램 소감 나누기	120분
	8	용서 선택하기	1. 용서에 대한 경험 나누기 2. 인지변화 설명하기 3. 용서인형 만들기 4. 프로그램 소감 나누기	120분

중점영역	회기	프로그램	활동내용	시간
반응조절	9	용서로 시작하기	1. 주위에 용서를 실천하는 사람들 찾아보기 2. 반응조절 설명하기 3. 용서팔찌 만들기 4. 소감문 작성하기	120분
	10	새로운 용서의 삶	1. 나에 용서의 걸림돌 직면하기 2. 용서나무 꾸미기 3. 프로그램 소감 나누기 4. 프로그램 평가, 설문지 작성, 시상식	120분

4 부모교육 정서조절 프로그램의 회기별 목표 및 활동내용

1회기	나는 누구인가	
중 점	상황선택	
일 정	0000년 0월 00일	소요시간 : 120분
목 표	부모교육의 필요성과 참여 동기를 증진시키며, 집단원 간의 친밀감과 신뢰감을 형성토록 한다.	
준비물	필기도구, 음악 자료, 다과류, 설문지, A4용지	
기대효과	1. 집단활동에 대한 책임감과 목표를 인식한다. 2. 신뢰감과 친밀감을 형성한다. 3. 부모교육의 필요성과 정서조절을 인식한다.	
도입 (5~10분)	1. 음악 · 그림 자료, 시, 노래, 동영상 등을 들려주거나 보여 준다.	
전개 (30~40분)	1. 프로그램에 대한 활동과 주의사항을 전한다. 2. 서약서와 설문지를 작성한다. 3. 별칭을 짓고 자기 자신을 소개한다. 4. 정서조절을 설명한다.	
정리 (5~10분)	1. 프로그램 소감문을 작성하여, 경험에 대한 이야기를 나눈다. 2. 부모교육이 서로 다름을 인식하고, 상대방을 이해하도록 한다. 3. 집단구성원 간에 갈등과 어려움을 표현할 때, 누구나 정서조절을 하는 것을 인식하도록 한다.	
유의사항	1. 지금 여기에 관심을 기울이도록 한다. 2. 자기 자신의 내면 세계에 충실하도록 한다. 3. 별칭은 남의 도움 없이 스스로 짓도록 한다. 4. 비밀을 엄수하도록 한다. 5. 상대방을 평가나 훈계, 충고를 하지 않는다.	

2회기	나를 돌아보기	
중 점	상황선택	
일 정	0000년 0월 00일	소요시간 : 120분
목 표	자녀양육 과정에서 부정적인 정서경험을 자각하고 긍정적인 정서상황을 인식하도록 촉진한다.	
준비물	필기도구, 음악 자료, 다과류, 곡식류, 야채류, 전지, A4용지, 잡지	
기대효과	1. 자신의 정서상황을 인지한다. 2. 부모의 정서와 자녀의 정서가 다름을 인식한다.	
도입 (5~10분)	1. 음악 · 그림 자료, 시, 노래, 동영상 등을 들려주거나 보여 준다.	
전개 (30~40분)	1. 지금까지 살아온 생애주기를 기억해본다. 2. 나의 생애에서 가장 슬펐을 때와 기뻤을 때는? 3. 상황선택을 설명한다. 4. 나의 생애주기를 다양한 소재로 꾸며 본다.	
정리 (5~10분)	1. 자신의 작품을 소개한다. 2. 프로그램에 참석한 소감을 나눈다. 3. 자녀양육 과정에서 어떠한 정서상황에도 긍정적인 상황선택의 정서조절이 중요함을 인식하도록 한다.	
유의사항	1. 집단구성원 간에 정서표현을 할 때, 서로 다름을 이해한다. 2. 프로그램 진행 시에 시간 약속을 지키도록 한다. 3. 부모교육이 서로 다름을 인식하고 싱대방을 이해한다.	

3회기	나의 자화상	
중 점	상황수정	
일 정	0000년 0월 00일	소요시간 : 120분
목 표	부모의 자아상과 자녀의 자아상이 서로 다름을 인식하도록 촉진한다.	
준비물	필기도구, 음악 자료, 다과류, 곡식류, 야채류, 지점토 종류, A4용지	
기대효과	1. 자신의 숨은 자아상을 인식한다. 2. 부모와 자녀의 자아상이 서로 다름을 인식한다.	
도입 (5~10분)	1. 음악 · 그림 자료, 시, 노래, 동영상 등을 들려주거나 보여 준다.	
전개 (30~40분)	1. 지금 여기에서 나의 감정을 느껴본다. 2. 지금 여기에서 나의 감정을 표현해본다. 3. 다양한 소재를 만져보고, 독특함을 이야기해본다. 4. 다양한 소재를 가지고 나를 상징하는 것을 만들어 본다.	
정리 (5~10분)	1. 자신의 작품을 소개한다. 2. 프로그램에 참석한 소감을 나눈다. 3. 부모와 자녀마다 서로 다른 독특한 자아상이 존재하고 있음을 이해하도록 한다.	
유의사항	1. 상대방의 작품을 비난하지 않도록 주의한다. 2. 집단구성원 간의 정서표현에 경청과 공감을 연습하도록 한다. 3. 나 자신을 부정적으로 생각하지 않는다. 4. 서로의 정서경험을 표현하도록 노력한다. 5. 서로 다름에 대한 수용과 공감을 한다.	

4회기	나의 자아 수정하기	
중 점	상황수정	
일 정	0000년 0월 00일	소요시간 : 120분
목 표	자녀양육 과정에서 부정적인 정서상황을 긍정적인 정서상황으로 주의를 돌리거나 조절하도록 촉진시킨다.	
준비물	필기도구, 음악 자료, 다과류, 곡식류, 야채류, 빵류, A4용지	
기대효과	1. 부정적인 정서상황을 긍정적인 상황으로 대처하는 방략을 이해한다. 2. 부모와 자녀의 정서 언어가 다름을 인식한다.	
도입 (5~10분)	1. 음악 · 그림 자료, 시, 노래, 동영상 등을 들려주거나 보여 준다.	
전개 (30~40분)	1. 자녀를 양육할 때 어떤 상황에 가장 화가 많이 나는지 이야기를 나눈다. 2. 화가 날 때, 자주 사용하는 정서 언어와 행동은? 3. 화가 날 때, 신체반응은? 4. 상황수정을 설명한다. 5. 자신과 자녀의 웃는 얼굴, 화 나는 얼굴을 꾸며 본다.	
정리 (5~10분)	1. 자신의 작품을 소개한다. 2. 프로그램에 참석한 소감을 나눈다. 3. 자녀양육에서 화가 나고, 분노하는 것이 때로는 자신과 자녀의 신체나 정서에 부정적인 악영향을 미친다는 것을 알린다. 4. 분노가 발생한 원인을 반추하고 상황을 긍정적으로 수정하는 정서조절을 통하여 건강한 자아상이 형성 됨을 강조한다. 5. 부모의 자아상은 자녀의 자아상에도 영향을 미침을 알도록 한다.	
유의사항	1. 억압된 정서표현을 자유롭게 표현하도록 한다. 2. 집단구성원 간에 부정적인 정서표현을 통하여 서로 상처받지 않도록 한다.	

5회기	나의 환경 둘러보기	
중 점	주의배치	
일 정	0000년 0월 00일	소요시간 : 120분
목 표	자녀 양육 과정에서 부정적인 정서상황을 긍정적으로 전환하고 반추하도록 촉진시킨다.	
준비물	필기도구, 음악 자료, 다과류, 곡식류, 지점토 종류, 자연소재(낙엽, 풀), A4용지	
기대효과	1. 부정적인 생각을 긍정적인 생각으로 전환하도록 노력한다. 2. 자녀의 부정적인 정서를 긍정적으로 생각으로 반추한다.	
도입 (5~10분)	1. 음악 · 그림 자료, 시, 노래, 동영상 등을 들려주거나 보여 준다.	
전개 (30~40분)	1. 내가 자녀에게 하고 싶은 말이 무엇인지 이야기한다. 2. 내가 자녀에게 듣고 싶은 말이 무엇인지 이야기한다. 3. 내가 가장 힘들 때, 쉼이 되는 장소가 어디인지 이야기한다. 4. 내가 가장 힘들 때, 쉬고 싶은 쉼터를 만든다.	
정리 (5~10분)	1. 자신의 작품을 소개한다. 2. 프로그램에 참석한 소감을 나눈다. 3. 자녀 양육 과정에서 부정적인 정서상황에 무엇이 부모와 자녀를 위한 것인지, 긍정적인 부모의 말 한마디가 자녀의 긍정적인 정서조절에 영향을 미침을 알도록 한다.	
유의사항	1. 부모교육 프로그램의 목적과 목표가 무엇인지 재인식하도록 한다. 2. 집단구성원 간에 서로 약속을 잘 지킨다.	

<table>
<tr><th>6회기</th><th colspan="2">수정된 자아 고정하기</th></tr>
<tr><td>중 점</td><td colspan="2">주의배치</td></tr>
<tr><td>일 정</td><td>0000년 0월 00일</td><td>소요시간 : 120분</td></tr>
<tr><td>목 표</td><td colspan="2">자신의 부정적인 정서경험을 긍정적으로 인지하고 바꿀 수 있는 장점과 단점을 발견하도록 한다.</td></tr>
<tr><td>준비물</td><td colspan="2">필기도구, 음악 자료, 돌, 솔방울, 꽃, 색종이, 우유빨대, 꽃바구니, A4용지</td></tr>
<tr><td>기대효과</td><td colspan="2">1. 자신과 자녀에 대한 정서상황을 수용한다.
2. 자신과 자녀의 감정을 수용한다.
3. 자신의 부정적 정서의 마음을 긍정적으로 사랑하도록 자존감을 높인다.</td></tr>
<tr><td>도입
(5~10분)</td><td colspan="2">1. 음악 · 그림 자료, 시, 노래, 동영상 등을 들려주거나 보여 준다.</td></tr>
<tr><td>전개
(30~40분)</td><td colspan="2">1. 나의 장점을 생각해본다.
2. 나의 장점 목록을 작성해본다.
3. 주의배치를 설명한다.
4. 다양한 소재를 가지고 칭찬 꽃바구니를 꾸며 본다.</td></tr>
<tr><td>정리
(5~10분)</td><td colspan="2">1. 자신의 작품을 소개한다.
2. 프로그램에 참석한 소감을 나눈다.
3. 부모가 자녀의 양육과정 중 분노하는 부정적인 상황에서도 자녀의 부정적인 상황을 긍정적으로 생각하고 환경을 바꾸는 것이 부모의 긍정적인 정서조절에 영향을 미침을 강조한다.</td></tr>
<tr><td>유의사항</td><td colspan="2">1. 상대방의 장점을 발견하여 칭찬하도록 한다.
2. 자신의 단점을 긍정적으로 받아들이도록 한다.
3. 자신의 단점도 상대방에게는 긍정적인 장점이 될 수 있음을 인식하도록 한다.
4. 집단구성원 간에 다양한 정서표현이 충분히 되도록 공감과 경청을 지속한다.</td></tr>
</table>

7회기	용서에 눈을 뜨기	
중 점	인지변화	
일 정	0000년 0월 00일	소요시간 : 120분
목 표	자녀양육 과정에서 용서라는 단어를 통해서도 정서표현이 될 수 있음을 인지하도록 한다.	
준비물	필기도구, 음악 자료, 과일류, 물감, 크레파스, 먹물, A4용지	
기대효과	1. 부모와 자녀의 관계형성에서 용서라는 단어의 의미를 지각한다. 2. 용서의 단어가 긍정적인 정서 단어라는 것을 이해한다.	
도입 (5~10분)	1. 음악 · 그림 자료, 시, 노래, 동영상 등을 들려주거나 보여 준다.	
전개 (30~40분)	1. 부모에게 용서라는 단어가 무엇인지 느끼도록 한다. 2. 용서에 대하여 설명한다. 3. 다양한 소재를 이용하여 용서를 상징하는 만다라를 그린다.	
정리 (5~10분)	1. 자신의 작품을 소개한다. 2. 프로그램에 참석한 소감을 나눈다. 3. 용서라는 단어는 부모와 자녀의 관계형성에 필요함을 알린다. 4. 용서라는 단어에서 부모와 자녀가 느끼는 정서는 서로 다를 수 있음을 알도록 한다.	
유의사항	1. 집단구성원 간에 정서표현을 통해서 신뢰와 공감을 연습한다. 2. 시간 약속을 잘 지킨다.	

8회기	용서 선택하기	
중 점	인지변화	
일 정	0000년 0월 00일	소요시간 : 120분
목 표	부모와 자녀의 관계형성에서 용서를 선택하는 것은 긍정적인 정서조절임을 인식한다.	
준비물	필기도구, 음악 자료, 종이류, 천류, 스티로폼, 구슬류, 바늘, 실, A4용지	
기대효과	1. 용서를 통하여 긍정적인 정서조절이 무엇인지 인식한다. 2. 자녀에 대한 공감과 경청의 능력이 향상된다.	
도입 (5~10분)	1. 음악 · 그림 자료, 시, 노래, 동영상 등을 들려주거나 보여 준다.	
전개 (30~40분)	1. 내가 용서한 사람과 용서하지 못한 사람은 생각해본다. 2. 내가 자녀를 용서했을 때는? 3. 인지변화를 설명한다. 4. 다양한 소재를 이용하여 용서인형을 만들어 본다. 5. 용서인형을 가지고 집단구성원과 역할극을 실행한다.	
정리 (5~10분)	1. 자신의 작품을 소개한다. 2. 프로그램에 참석한 소감을 나눈다. 3. 부모와 자녀의 관계에서 용서를 선택을 하는 것은 자녀에게 긍정적인 정서조절을 보여주며, 능동적인 정서조절의 실천이라는 것을 강조한다.	
유의사항	1. 집단구성원 간에 서로 신뢰와 믿음을 가지고 공감과 경청을 연습한다 2. 프로그램의 목적을 기억한다.	

9회기	용서로 시작하기	
중 점	반응조절	
일 정	0000년 0월 00일	소요시간 : 120분
목 표	부모의 용서하는 삶은 자녀의 정서에 인지, 정서, 행동에 긍정적인 정서경험을 심어줌을 인식하도록 한다.	
준비물	필기도구, 음악 자료, 비즈구슬, 비즈실, A4용지	
기대효과	1. 긍정적인 정서조절이 향상된다. 2. 부모와 자녀의 관계형성과 정서표현이 향상된다.	
도입 (5~10분)	1. 음악 · 그림 자료, 시, 노래, 동영상 등을 들려주거나 보여 준다.	
전개 (30~40분)	1. 용서를 실천한 사람들의 경험을 동영상 자료를 통하여 이해한다. 2. 자신이 타인과의 관계에서 용서했던 경험을 집단구성원과 서로 이야기한다. 3. 반응조절을 설명한다. 4. 용서를 실천하는 자신에게 용서팔찌를 만들어 착용한다.	
정리 (5~10분)	1. 자신의 작품을 소개한다. 2. 프로그램에 참석한 소감을 나눈다. 3. 부모가 용서를 실천할 때, 자녀 또한 타인과의 관계형성에서 긍정적인 정서경험을 가지는 데 영향을 미침을 알도록 한다.	
유의사항	1. 프로그램의 약속을 지키도록 한다. 2. 집단구성원들 간에 신뢰와 공감형성을 지속하도록 한다.	

10회기	새로운 용서의 삶	
중 점	반응조절	
일 정	0000년 0월 00일	소요시간 : 120분
목 표	용서는 긍정적인 정서상황으로 선택할 수 있는 용기있는 정서조절의 연습과 노력이라는 것을 인식한다.	
준비물	필기도구, 음악 자료, 전지, 물감, 크레파스, 세숫대야, 수건, 휴지, A4용지	
기대효과	1. 용서는 연습과 노력이 필요함을 인식한다. 2. 긍정적인 정서조절이 향상된다. 3. 부모의 긍정적인 정서조절이 자녀의 긍정적인 정서조절에 영향을 미침을 인지한다.	
도입 (5~10분)	1. 음악 · 그림 자료, 시, 노래, 동영상 등을 들려주거나 보여 준다.	
전개 (30~40분)	1. 용서실천에도 불구하고, 현재 자신에게 걸림돌인 것을 직면해본다. 2. 용서나무를 집단구성원과 함께 꾸민다. 3. 나에게 쓰는 편지, 자녀에게 쓰는 편지를 작성한다.	
정리 (5~10분)	1. 자신의 작품을 소개한다. 2. 프로그램에 참석한 전체적인 소감을 나눈다. 3 용서를 실천하는 자신을 칭찬하고, 상대방을 칭찬하고 격려한다. 4. 설문지와 평가지를 작성한다. 5. 정서조절은 용서라는 것을 강조한다. 부모의 정서조절은 긍정적인 상황선택, 상황수정, 주의배치, 인지변화, 반응조절임을 인식하도록 한다. 정서조절은 신체와 정신건강에도 긍정적인 영향을 미치며, 일상생활에서 연습과 노력이 필요함을 강조한다.	
유의사항	1. 집단구성원 간에 긍정적인 정서조절을 약속함을 잊지 않는다. 2. 정서조절 프로그램의 약속을 실천하도록 강조한다.	

5 부모교육 정서조절을 위한 프로그램의 실제

1회기: 나를 소개하기

■ 프로그램의 목적 ■

부모는 자녀를 양육하는 과정에서 다양한 정서상황을 직면하기도 합니다. 상황에 따라서 부정적일 수도 있고 긍정적일 수도 있습니다. 이러한 정서는 부모뿐만 아니라, 자녀의 일상생활에도 많은 영향을 줍니다. 부모가 건강해야 자녀가 건강하고, 자녀가 건강해야 부모가 건강합니다. 정서조절은 자녀의 발달단계마다 상황에 따라 다르게 조절됩니다. 하지만, 자칫 분노나 우울, 공격성과 같은 부정적인 정서를 억압하다 보면 신체나 정신적으로 악영향을 미칠 수 있습니다. 그리고 의사소통이 안되고 관계형성도 단절하게 됩니다.

우리 부모들은 우울하고, 화가 나면 그 감정들을 어떻게 조절하셨나요? 기분이 어떠셨나요? 이번 부모교육 정서조절 프로그램의 목적은 부모가 정서조절 연습과 노력을 통하여 자녀를 양육하는 과정에서 발생할 수 있는 부정적인 생각을 긍정적으로 바꾸고, 행동과 정서를 능동적으로 조절할 수 있는 과정을 촉진하는 데 있습니다.

서 약 서

나는 부모교육 정서조절 프로그램에 참여함에 있어서
다음 사항을 성실하게 준수할 것을 굳게 약속합니다.

1. 집단 활동 프로그램에 적극적으로 끝까지 참여하겠습니다.
2. 시간 약속을 잘 지키겠습니다.
3. 집단구성원에게 최대한 솔직해지려고 노력하겠습니다.
4. 집단 안에서 한 이야기는 꼭 비밀로 지키겠습니다.
5. 정직하고, 스스로 생각하여 표현하고, 상대방의 의견을 존중하겠습니다.
6. 솔직하게 표현하며, 적극적인 자세로 상대방의 말을 주의 깊게 경청하겠습니다.
7. 마음을 안정시키고 자연스럽게 활동하겠습니다.
8. 지금, 여기에! 현재의 느낌, 생각을 자각하고 집중하겠습니다.
9. 상대방의 표현이 내 기분을 거슬리더라도 공격적인 반응(화내기, 욕설하기, 시비걸기, 빈정거리기, 집적거리기, 평가, 판단, 규정, 진단, 충고, 훈계, 비판 등)을 하지 않겠습니다.
10. 휴대폰을 켜지 않겠습니다.

나 ____________ 는(은) 위의 약속을 지켜나갈 것을 다짐합니다.

○○○○년 ○○월 ○○일

별칭 ____________ 이름 ____________ (서명)

영상자료

만남

내가 세상에 처음 태어났을 때, 엄마를 만났습니다.
내가 세상에 처음 태어났을 때, 아빠를 만났습니다.

내가 세상에 처음 태어났을 때, 부모를 만났습니다.

내가 유치원에 입학했을 때, 친구들과 선생님을 만났습니다.
내가 초등학교에 입학했을 때, 친구들과 선생님을 만났습니다.
내가 중학교에 입학했을 때, 친구들과 선생님을 만났습니다.
내가 고등학교에 입학했을 때, 친구들과 선생님을 만났습니다.
내가 대학교에 입학했을 때, 친구들과 선생님을 만났습니다.

내가 사회인이 되었을 때, 직장에서 동료들과 상사들을 만났습니다.
내가 성인이 되어서 결혼할 이성 친구를 만났습니다.

나는 결혼을 하고, 부모가 되어서 자녀를 만났습니다.

나는 일상생활에서 다양한 사람을 만났습니다.

나는 지금도 다양한 사람을 만나고 있습니다.

- 삶 속에서 만남을 떠오르며 -

▶ 별칭 짓기

나의 이름은 부모님이나 주위 사람들이 지어주었습니다. 프로그램을 진행하는 동안 이름을 부르지 않고, 별칭으로 부르게 됩니다. 자신이 집단구성원에게 불리고 싶은 별칭을 지어보세요. 상대방이 기억하고 부르기 쉬운 것으로 지어주세요(꽃, 나무, 동물, 산 등/ 예: 해바라기).

▶ 나는 누구인지 소개해 주세요.

- 나의 실제 이름은?

- 나의 실제 이름은 누가 지어주셨나요?

- 나의 실제 이름의 뜻은 무엇인가요?

- 나의 가족관계는?

- 이 프로그램에서 불리고 싶은 별칭은 무엇을 의미하나요?

- 이 프로그램에 참석한 동기는 무엇인가요?

- 이 프로그램에서 이루고 싶은 목표는 무엇인가요?

▶ 정서(emotion)라는 단어를 들어보셨나요?
내가 생각하는 정서는 무엇인지 그림이나 글로 표현해 보세요.

▶ 정서(emotion)는 기분(mood), 감정(affect), 느낌(feeling)과 비슷하게 사용되기도 한답니다. 정서와 비슷하게 사용되는 기분, 감정, 느낌은 서로 다른 의미가 있습니다.

정서(emotion)	기분(mood)
• 변화 무쌍한 정서적 날씨, 즉 지속시간 짧다. • 특정한 대상이 있다. • 특정대상과 관련된 행동반응 경향성을 발생시킨다.	• 확산적이고 지속적인 정서적 날씨, 즉 지속시간이 길다. • 대상이 특정적이지 않다. • 접근, 회피 행동반응성을 발생시키지만 행동보다는 인지를 더욱 편향시킨다.

정서(emotion)	감정(affect)
• 감정을 포함한 상태와 과정이다. • 정서와 기분을 위계적 관점이며 개별 정서 즉, 쾌-불쾌 차원의 기분이다.	• 분노, 슬픔 같은 정서, 우울이나 도취 같은 기분, 좋음, 싫음과 같은 성향적인 상태이다. • 활기참과 급한 성미와 같은 특징을 포함하는 쾌-불쾌 차원의 기분이다.

정서(emotion)	느낌(feeling)
• 상황이나 대상의 전체적인 것 때문에 발생하며 특정 행동을 유발시킨다.	• 상황이나 대상의 특정 측면 때문에 발생하는 것으로 막연한 감정이다.

▶ 정서조절(emotion regulation)이란 단어를 들어보셨나요?
정서조절이 무엇인지 그림이나 글로 표현해 보세요.

• 정서조절은 어떤 모양일까요?

• 정서조절은 무엇일까요?

정서조절(emotion regulation)이란?

어떤 정서를

언제,

어떻게 경험하고

표현할 것인가에 개인이 영향을 미치는 과정입니다.

첫째, 정서를 조절하는 것과 정서에 의해서 조절되는 것입니다.

둘째, 자신의 정서를 조절하는 것과 타인의 정서를 조절하는 것입니다.

셋째, 의식적인 정서조절과 무의식적인 정서조절 과정이라고 말할 수 있습니다.

즉, 정서에는 기분(mood), 감정(affect), 느낌(feeling)도 포함됩니다.

▶ 나는 자녀를 양육하면서 일상생활에서 발생하는 다양한 정서를 어떻게 조절했나요? 그림이나 글로 표현해 보세요.

• 아침에는?

• 점심에는?

• 직장에서는?

• 저녁에는?

▶ 정서조절의 다양한 방략에는 인지적 · 행동적 · 정서적 방략이 있습니다.

인지적 방략

자신의 생각 과정을 변화시키는 방법을 배워서 정서를 변화시킵니다.

- 긍정적 · 능동적 생각하기, 긍정적 재평가, 인지적 수용하기 등

행동적 방략

긍정적 정서를 유발시키는 행동을 배워서 정서를 변화시킵니다.

- 음악듣기, 영화보기, 운동하기, 산책하기, 요리하기, 친구나 주위 사람을 만나서 조언 구하기 등

정서적 방략

자신이 어떤 정서를 경험하고 있는지를 알아차리고 그 정서를 표현해 봄으로써 정서를 변화시킵니다.

- 공감 얻기, 느낌 표현하기, 즐거운 것 상상하기, 느낌 적기, 정서 느끼기, 행복한 추억 기억하기 등

▶ 나는 자녀 양육과정에서 화가 엄청나게 났을 때, 주로 어떤 정서조절 방략을 사용했나요? 그림이나 글로 표현해 보세요.

• 인지적 방략

• 행동적 방략

• 정서적 방략

1회기 경험보고서

1회기 프로그램에 참석한 느낌이나 소감을 적어보세요.

_______년 ____월 ____일   별칭 ______________________

겉옷을 덮어주는 어머니의 사랑

쉼터

달리는 버스 안에서 한 가족의 사랑을 발견했습니다.
등에 업은 아이가 칭얼댑니다.
아이 어머니는 어떻게 해서라도 아이를 달래느라 앉았다 일어났다 합니다.
그런데, 그 모습을 보고 안타까워서 어떻게 도와줄까 몸 둘 바를 모르는 할머니가 계십니다.
할머니는 버스에서 내려서 어머니의 사랑을 표현합니다.
아이를 등에 업은 어머니가 며느리일까, 딸일까….
잘 모르겠지만,
그 할머니는 얼음이 꽁꽁 언 추운 날씨에도 자신의 겉옷을 벗어서 아이를 업은 어머니의 등을 덮어줍니다.
아이는 부모의 사랑을 느끼고 있을까요?
요즘은 부모 자녀 간에도 이기적인 사고와 행동으로 인해서 많은 갈등이 발생하고 있습니다.
그렇지만 추운 날씨에도 자신의 추위는 아랑곳하지 않고, 겉옷을 벗어 덮어주는 어머니의 사랑이 얼마나 고귀한지 모르겠습니다.
이 세상에 서로가 보듬어주고 사랑해주고 덮어주는 따뜻한 어머니의 사랑이 넘쳐나면 얼마나 좋을까요?

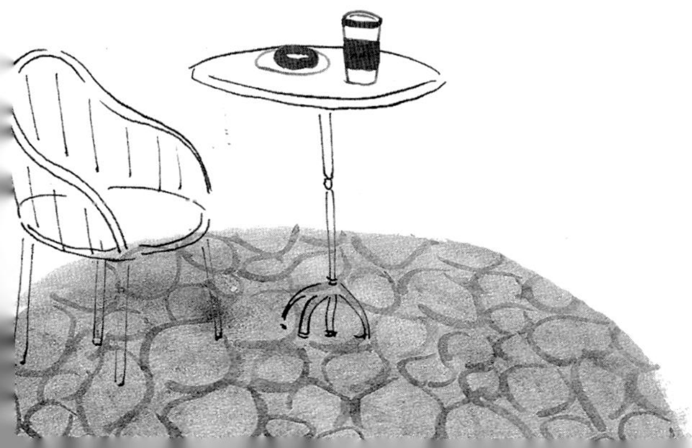

2회기: 나를 찾아서

영상자료

거울 앞에서

한 어린아이가 거실에서 뛰어다닙니다.
소리를 지르고
물건 위에 올라가서 뛰어내립니다.
거실 바닥을 손바닥으로 쳐 봅니다.
손바닥의 소리가 신기하나 봅니다.
혼자서 소리를 지르고, 하하하! 좋아합니다.

아이는 거실에 걸려있는 거울 앞에 섭니다.
아이는 웃고
아이는 고개를 젖히고
아이는 머리를 숙이고
아이는 거울을 만져봅니다.
아이는 거울에 비치는 모습을 보고 다양한 표정을 지어봅니다.

거울아!
거울아!
너는 누구니?

- 내가 나를 바라보며 -

▶ '지금 여기에' 참석한 기분이 어떠신가요?
□, △, ○의 모양 중에서 한 가지를 선택하여, 그리고 색을 칠해 보세요.
기분과 느낌이 어떤지 글로 표현해 보세요.

- 지금의 기분은?

- 지금 기분의 모양은?

- 지금 기분의 색깔은?

▶ 지금까지 살아온 나의 생애주기 과정을 생각해 보세요.
그림이나 글로 생애곡선 그래프에 표현해 보세요.
(언제, 어떤 상황에서 행복과 슬픔이 있었나요?)

생애주기	영아기	유아기	아동기	청소년기	청년기	성인기	노년기
행복							
슬픔							

▶ 우리들은 모두 어머니의 뱃속에서 태어났습니다. 태어나는 순간부터 지금까지 누구나 일상생활에서 매순간 다양한 정서를 경험합니다. 그 중에서 분노(anger)의 경험도 나타납니다. 어떤 상황에서 분노가 발생했나요? 그 상황에서 어떻게 대처하셨나요?

분노의 발생원인	분노 발생에서 대처방법

▶ 부모는 자녀를 양육하는 과정에서 다양한 정서를 경험합니다. 또한, 이러한 정서는 접근하거나 회피하는 정서조절을 합니다. 부모가 된다는 것은 무엇일까요?

나에게 부모란 무엇인가요?	나에게 자녀란 무엇인가요?

▶ 부모는 매일매일 일상생활에서 자녀를 건강하게 양육하기 위해 화가 나거나 짜증이 나도 잘 드러내지 못하는 경우가 있습니다. 하지만 긍정이든 부정이든 그 무엇인가를 선택합니다. 이것이 바로 '상황선택'입니다.

상황선택이란?

상황선택은 우리가 일상생활에서 어떤 상황을 선택하는 것입니다.

상황선택은 일어날 것 같지 않은 상황에서 있을 법한 특성 및 그 특성에 관하여 예상되는 정서반응을 이해하는 것입니다. 상황에 따라서 사람이나 대상 그리고 장소 등에 접근하는 것입니다. 하지만, 회피도 합니다. 상황선택은 개인이 노출되어 있는 특정 상황에서 영향을 받기 때문에 어떠한 정서의 틀을 만들게 됩니다. 이로 인하여 어떤 상황 속에서 더 쉽게 취할 수 있는 행동과 관련이 있습니다. 부모가 자녀를 양육하는 과정에서 어떤 문제가 발생하여 상황을 긍정이든 부정이든 인지적 · 정서적 · 행동적으로 선택하는 것입니다.

예를 들면, 부모가 직장에 다니면서 자녀를 양육합니다. 자녀가 학교에서 특별한 행사가 있을 때 부모로서 직장에 갈 것인가 아니면 자녀의 학교 행사에 참석할 것인가 등의 상황에 처합니다. 결국, 부모로서의 선택은 자녀의 학교 행사에 참석해서 약속을 지키는 것입니다.

다른 예로 퇴근 후에 동료들과 영화를 보거나 자녀와 함께 운동을 할 것인가. 자녀와 싸웠을 때 잠시 자리 비울 것인가 아닌가, 만약에 화가 머리 끝까지 올랐을 때는 그 상황을 긍정적으로 선택할 것인지, 부정적으로 선택할 것인지…. 그러나 우리는 부모입니다. 부모는 부정적인 선택이 아니라, 긍정적이고 능동적인 상황선택의 정서조절 연습이 필요합니다.

▶ 나는 자녀를 양육하는 과정에서 화가 난 적이 있었나요? 언제, 어디서, 어떤 상황에서 일어났나요? 어떻게 정서조절을 하셨나요?

• 언제였나요?

• 어떤 장소였나요?

• 어떤 상황이었나요?

• 어떻게 상황을 선택하셨나요?

▶ 나는 태아기, 영아기, 유아기, 아동기, 청소년기, 청년기를 거쳐서 결혼하고 부모가 되었습니다. 생애주기에서 행복, 기쁨, 슬픔, 우울, 분노, 공격 등 다양한 정서경험을 하였습니다. 이러한 긍정적인 정서경험, 부정적인 정서경험을 전지에 그려 보거나, 잡지나 다른 재료를 이용해서 꾸며주세요.

- 태아기
- 영아기
- 유아기
- 아동기
- 청소년기
- 청년기
- 성인기
- 노년기

2회기 경험보고서

2회기 프로그램에 참석한 느낌이나 소감을 적어보세요.

______년 ____월 ____일 별칭 ______________________

》 떠따방 아저씨!

자동차가 고장나면 정비업소에 방문하여 차를 고치지만, 낙서나 흠집이 생기면 길가에서 고치는 자동차 수리 아저씨를 찾아간다. 일명 '떠따방 아저씨'라고 할까!

차를 구입한지 얼마 안되어 애지중지 했음에도 불구하고, 어디서 흠집이 생겼는지 차 번호판 쪽이라 아무래도 미관상 보기가 흉해서 오랜만에 자동차 수리 아저씨를 찾아갔다. 그런데 매번 그 자리에 있던 아저씨는 보이지 않았다.

쉼터

'이상하다…. 다른 곳에 옮겼겠지?'

하지만 몇 바퀴를 돌아봐도 없다.

다행히 연락처를 가지고 있길래 전화하였더니 이제는 한 건물에 정착하였다고 한다.

위치를 찾아가 보니 '떠따방 아저씨'가 완연한 '정비업소 사장님'이 되었다.

아저씨는 10여 년을 여기저기 길가에서 차량의 흠집이나 부서진 부분을 수리하였다. 그는 그동안 참으로 수많은 사람을 만났다. 길가에서 차량을 고치다 보니 하얀 얼굴이 시커먼 얼굴로 변하였다. 누가 봐도 볼품없는 '떠따방 아저씨'다. 하지만 그 상황에서도 아저씨는 항상 자신의 일을 행복하고 귀하게 여겼고, 감사하게 생각하며 최선을 다하였다. 하지만 아저씨를 보는 사람들은 그를 무시하고 하찮게 보았다.

종종 손님들이 발로 '이쪽이요, 저쪽이요.'하는 행동자체가 자신의 자존감을 무너뜨리는 것처럼 느껴졌다.

하지만 '하늘은 스스로 돕는자를 돕는다.'고 했는가! 그러한 사람들을 만나고, 좋지 못한 환경의 처지였음에도 불구하고, 감사하게도 현재는 어엿한 건물을 갖춘 정비업소 사장님이 되었다. '떠따방 아저씨'의 대화에는 '감사', '행복'의 낱말들이 줄줄이 이어졌다.

10여 년 동안 길가에서 '떠따방 아저씨'로 살았지만, 그 속에서 너무나 많은 인생철학을 배웠다는 것이다.

그렇다!

어떤 사람들은 사람의 직업, 외모 그리고 자동차의 종류를 보고 상대방을 평가하기도 한다.

자칫 그 평가는 상대방에게 부정적인 영향을 주기도 하고, 한편으로는 삶에 긍정적으로 도전정신을 줄 수 있는 계기가 될 수 있다.

하지만 모든 사람들이 그렇게 느끼는 것일까?

더운 여름, 길거리에는 다양한 자동차가 달리고 있다.

고급 승용차를 타고 다닌다고 해서, 그 차 주인이 고품격을 소유하고 있을까?

'떠따방 아저씨'의 이야기를 들어보면 그렇지 않다고 느껴진다.

결국, 오늘날 우리도 '폼생폼사'가 아닐까?

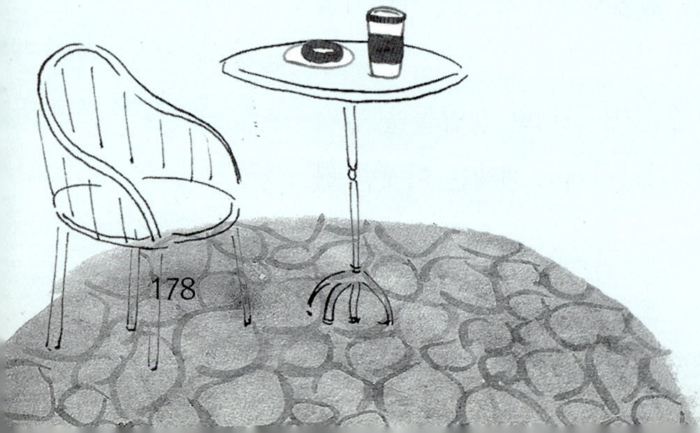

3회기: 나의 자아상

영상자료

자아상

나는 누구일까?
나는 이 세상에 왜 태어났을까?
나는 누구를 위하여 태어났을까?
나는 누구를 위하여 살아가야 할까?

나는 나의 존재를 돌아봅니다.
나는 나의 가치를 생각해봅니다.

내가 이 세상을 살아가야 할 이유는 무엇일까 생각합니다.
내가 나를 바라봅니다.
나는 누구일까요?

- 나는 누구 -

▶ 내가 화를 내는 분노의 상황에서 나의 신체에는 어떤 반응이 나타났나요? 그림이나 글로 표현해 보세요.

• 나의 신체 반응은?

• 분노 상황에서 행동들은?

▶ 내 신체의 소리를 느껴보세요. 한 사람인데도 불구하고, 구조마다 느낌이 모두 다르지요. 모양은 어떻게 생겼나요? 크기는 어떤가요? 기분이 어떠세요? 신체의 구조들은 상황에 따라 어떤 역할을 할까요? 그림이나 글로 표현해 보세요.

- 눈
- 코
- 입
- 귀
- 팔
- 손
- 발

▶ 사람들마다 자신의 역할이나 존재에 대해서 '나는 누구인가?'를 종종 생각하기도 합니다. 바로 자신의 '자아상'입니다. 부모가 생각하는 자아상은 무엇일까요?

• 부모의 자아상은 무엇일까요?

▶ 자신의 '자아상'을 상징하는 것을 다양한 소재를 이용하여 만들어 보세요.

3회기 경험보고서

3회기 프로그램에 참석한 느낌이나 소감을 적어보세요.

_______년 ____월 ____일　　　　　　별칭 ________________________

아이의 꿈

매번 만날 때마다 인사를 참 잘하는 귀여운 5세 아이가 꽃집에 있습니다. 그 아이는 꽃집 안에 있는 많은 꽃을 보면서 밝은 웃음을 지으며 인사를 합니다.

처음 만났을 때는 아주 작은 목소리로 "선생님, 안녕하세요?"라고 했지만, 매주 만날 때마다 목소리는 점점 커집니다. 저는 오랫동안 유아들을 가르친 원장의 경험을 가지고 인사를 받아주며 대화를 합니다.

"와! 우리 ○○○, 잘 지냈어요? 오늘도 인사를 잘하는구나!"라고 칭찬을 합니다.

이러한 인사의 반복 속에서 아이는 제가 꽃집 앞을 지나가는 시간대를 맞추어 나옵니다. 5세 아이의 귀여운 모습을 상상해 보십시오.

오늘도 아이가 인사를 합니다.

"선생님, 안녕하세요?"

"음…. ○○○, 안녕! 오늘도 인사를 잘하는구나! 예쁜 ○○○ 공주님 드레스도 입었구나! ○○○, 참 예쁘구나!"

그런데 아이는 인사를 하자마자 "선생님, 엄마가 나한테 의사가 되래요."라고 이르듯이 말합니다.

질문하지 않고 인사만 했을 뿐인데….

"음…. ○○○는 의사가 되고 싶어요?"

"아니요, 의사는 싫어요. 선생님이 될래요. 그런데 엄마는 자꾸만 나한테 의사가 되라고 해요."

"그렇구나. 우리 ○○○는 의사는 되고 싶지 않군요."

정말 아이가 되고 싶은 꿈은 선생님인데, 엄마는 의사를 하라고 합니다.
대부분의 엄마들 중 꽃집의 엄마와 같은 분들이 종종 있습니다.
청소년이나 대학생의 진로상담을 하다 보면, 자신의 꿈과 다른 직업을 선택하거나 전공을 하고 있다는 말을 듣게 됩니다.
그 속에서 대학생들은 또 다른 적성에 맞는 진로의 탐색을 하게 되고, 또 다른 전공을 기웃거립니다.
과연 아이의 꿈은 어머니의 꿈을 만들어가는 또 하나의 도구일까요?
미래의 내 아이가 행복하려면 아이들이 진심으로 하고 싶은 꿈을 만들어갈 수 있도록 어머니는 안내자와 촉진제의 역할을 해야 합니다.
아이들이 좋아하는 꿈을 이루어갈 수 있도록….

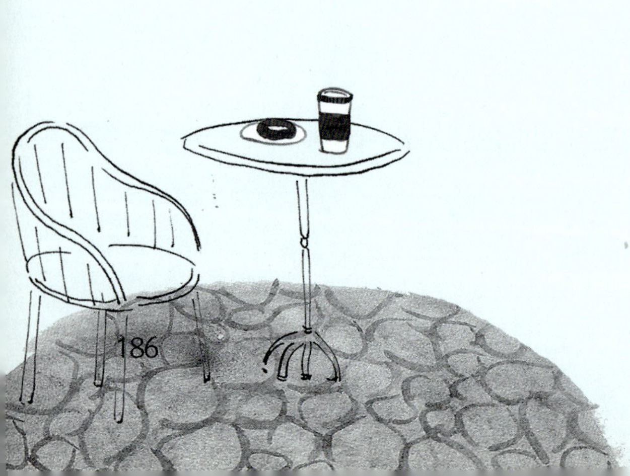

4회기: 나의 자아 수정하기

명상자료

지우개

지우개는 다양한 모양이 있습니다.
지우개는 다양한 색깔로 만들어져 있습니다.

하지만, 지우개는 크든 작든 종이에 글씨를 지우면 점점 작아집니다.
지우개는 글씨나 그림을 수정하도록 도움을 줍니다.

우리의 생각이나 행동 그리고 마음에도
다양한 모양과
다양한 색깔의
지우개가 마음에 있으면 좋겠습니다.
마음의 지우개는
오늘도 지우고, 그리고, 쓰고를 반복합니다.

- 글을 수정하며 -

▶ 누구에게나 다양한 감정이 있습니다. 부모와 자녀의 관계에도 마찬가지입니다. 아래의 다양한 감정을 살펴보세요.

기쁜	안전한	권태로운	쌀쌀한	귀찮은
포근한	온화한	성질 나는	후덥지근한	피하고 싶은
상쾌한	흥분되는	속상한	풀이 죽은	혐오스러운
아늑한	신바람 나는	열받는	더러운	기분 나쁜
느긋한	벅찬	얄미운	심술나는	불쾌한
따사로운	짜릿한	타락한	주눅드는	죽고싶은
황홀한	시원한	날아갈 듯한	외로운	우울한
평화로운	자유로운	끝내주는	비참한	낙심되는
괜찮은	그리운	감미로운	울적한	허탈한
상큼한	정다운	살맛 나는	뭉클한	서운한

▶ 자녀를 양육하는 과정에서 부정적인 상황 중에 재빨리 다른 상황으로 바꾸어 본 적이 있었나요? 그림이나 글로 표현해 보세요.

- 화가 날 때

- 두려울 때

- 짜증 날 때

- 우울할 때

- 욕을 들었을 때

▶ 내가 분노로 감정이 치밀었을 때, 자주 사용하는 감정 언어는 주로 어떤 단어였나요?

밉다.	원망하다.	파괴하고 싶다.
화나다.	질투하다.	자포자기하다.
증오하다.	원망하다.	저항하다.
노하다.	짜증나다.	분통 터지다.
격분하다.	싹싹하다.	속상하다.
원망스럽다.	심술부리다.	독기가 있다.
분노가 끓어오르다.	저주하다.	싫어하다.
신경질 나다.	분개하다.	모욕하다.
무시하다.	공격하다.	반박하다.
얕보다.	학대하다.	경멸하다.

▶ 내가 자녀에게 받은 상처의 정서 언어는 어떤 단어였나요?

밉다.	원망하다.	파괴하고 싶다.
화나다.	질투하다.	자포자기하다.
증오하다.	원망하다.	저항하다.
노하다.	짜증나다.	분통 터지다.
격분하다.	쌀쌀하다.	속상하다.
원망스럽다.	심술부리다.	독기가 있다.
분노가 끓어오르다.	저주하다.	싫어하다.
신경질 나다.	분개하다.	모욕하다.
무시하다.	공격하다.	반박하다.
얕보다.	학대하다.	경멸하다.

▶ 내가 자녀에게 주는 상처의 정서 언어는 어떤 단어였다고 생각되시나요?

밉다.	원망하다.	파괴하고 싶다.
화나다.	질투하다.	자포자기하다.
증오하다.	원망하다.	저항하다.
노하다.	짜증나다.	분통 터지다.
격분하다.	쌀쌀하다.	속상하다.
원망스럽다.	심술부리다.	독기가 있다.
분노가 끓어오르다.	저주하다.	싫어하다.
신경질 나다.	분개하다.	모욕하다.
무시하다.	공격하다.	반발하다.
얕보다.	학대하다.	경멸하다.

▶ 부모는 자녀를 양육하는 과정에서 정서에 영향을 주는 상황을 수정하기도 합니다. 부모의 눈높이가 아닌 자녀의 눈높이로 정서상황을 수정하는 작업은 쉬운 일이 아닙니다. 어떤 정서상황에서 어떻게 수정하셨나요? 상황수정이라는 단어를 들어보셨나요?

상황수정이란?

어떤 정서적 충격을 바꾸기 위하여 그 상황을 수정하려는 직접적인 노력입니다. 이것은 정서에 영향을 주는 정서상황을 인지하여 수정하는 것이며 잠재적인 정서조절입니다.

어린 자녀가 좋아하는 TV프로그램을 시청하다가 정전이 되었거나 고장났을 때 자녀는 울며 불며 떼를 쓰고, 소리를 지릅니다. 이때 어떻게 상황을 수정하면 될까요? 상황수정의 예로 부모가 자녀와 함께 게임을 할 수도 있습니다.

하지만 이 상황에서 자녀가 소리 지르고, 화내고, 부모에게 짜증을 내며 "엄마(아빠) 때문이야!"라고 표현할 수도 있겠지요. 그리고 부모나 자녀 중에서 부정적인 방향으로 TV를 부수거나, 짜증을 낸다면 모두에게 부정적인 정서경험이 됩니다. 따라서 이러한 상황에서는 부정적인 수정이 아닌 긍정적인 수정의 연습이 필요하며, 부모가 먼저 연습을 해야 합니다. 그리고 부모가 긍정적인 정서상황으로 수정함으로써, 자녀도 배우게 됩니다. 즉, 상황수정은 긍정적인 정서조절입니다. 그리고 부모 스스로가 인지적인 자각을 통해서 상황을 수정하는 노력이 필요합니다.

▶ 화가 나는 분노의 상황에서 나의 신체 반응과 자녀의 신체 반응이 어떻게 나타났나요?

• 나의 신체 반응은?

• 자녀의 신체 반응은?

▶ 다양한 소재를 가지고 세상에서 가장 행복한 모습으로 나를 꾸며 보세요.

4회기 경험보고서

4회기 프로그램에 참석한 느낌이나 소감을 적어보세요.

______년 ____월 ____일 별칭 ________________

약물의 유혹

약물이란 일반적으로 의약품을 포함하며, 인간의 신체, 정신, 중추신경, 행동과 감정에 변화를 초래하는 모든 물질을 말합니다.

그렇다면 술과 담배도 약물일까요?

약물의 특징은 첫째, 의존성으로 한번 사용하면 자꾸 사용하고 싶어집니다. 둘째, 내성으로 사용할 때마다 양을 늘려야 합니다. 셋째, 금단증상으로 사용을 중단하면 온몸이 견디기 힘들어합니다. 넷째, 약물은 개인뿐만 아니라 사회에도 해를 끼칩니다.

약물에는 필로폰, 본드, 부탄, 담배, 알코올 종류인 소주, 맥주, 양주 등이 포함된다고 합니다.

담배에 들어있는 성분 중 타르(tar)는 폐에 들어가서 검게 침착하며, 호흡을 곤란하게 합니다. 그리고 담배를 오래 피우면 폐암, 폐기종 및 기관지 질환을 초래한다고 합니다.

니코틴(nicotine)은 중독성을 초래하기 때문에 위험하고, 일단 중독이 되면 뇌가 비정상적으로 변하기 때문에 담배를 피우지 않으면 정상적인 감정을 갖기 어렵다고 합니다. 니코틴에 중독된 사람이 끊으려고 할 때, 불안, 초조, 우울 및 두통 증세가 나타나고 피곤을 느낀다고 합니다.

담배, 술, 커피는 의약품은 아니지만 여기에 들어있는 성분들이 우리 몸에 해로운 작용을 하기 때문에, 오남용 약물로서 주의를 기울여야 하는 해로운 약물에 포함된다는 것입니다.

약물은 치료와 예방의 목적과 다르게 잘못 사용하면 개인의 건강과 생명을 빼앗을 뿐만 아니라 사회에도 해로움을 끼치게 된다고 합니다.

아이들을 상담하다 보면 종종 흡연문제로 상담을 의뢰하는 경우가 있는데,

그들은 가정불화, 외로움, 학교 성적, 스트레스 등 다양한 문제를 해결하기 위해서 한순간의 유혹을 멀리하지 못하였기 때문입니다.

어떤 아이는 어머니, 아버지, 누나, 온 가족이 흡연하는 환경으로 인하여 시작하는 경우도 있었습니다. 자신은 금연하고 싶지만 끊을 수 없는 환경과 가족 때문에 힘들어 하는 모습을 볼 때, 제 자신도 마음이 아팠습니다.

문제는 약물에 포함된다는 흡연과 술로 인하여 또 다른 비행과 연결되고 다른 문제들이 발생한다는 것입니다.

하나밖에 없는 소중한 몸과 마음 그리고 영혼을 해로운 물질로 더럽히지 말며, 예방이 최고라고 약물 오남용 교육을 받는 사람들에게 강조합니다.

특히, 약물의 위험성은 미래의 아동, 청소년의 꿈을 상실하게 하는 원인이 되기도 합니다.

아이들의 미래를 건강하게 지켜주고 건강한 가정, 사회, 국가를 만들어가기 위해서는 약물의 유혹을 멀리하여야 합니다.

오늘 하루도 하나밖에 없는 아이의 소중한 몸과 마음, 영혼을 잘 지키셨습니까?

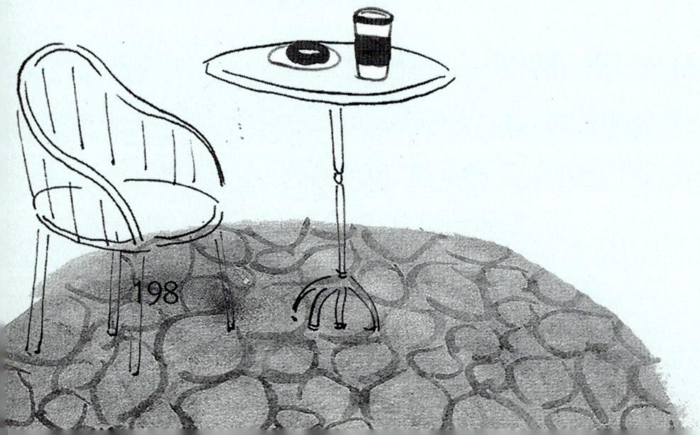

5회기: 나의 환경 둘러보기

명상자료

골목길에서

봄이 되면, 곳곳에서 다양한 꽃들이 향기를 풍긴다.
이 모양, 저 모양으로 꽃들의 향연을 펼친다.
내가 매일 걸어가는 골목길에도 향기가 난다.
가던 길을 멈춘다.
이 꽃, 저 꽃을 바라보고 향기를 만끽한다.
그런데 어디선가 짙은 향기가 바람을 따라 코끝을 스친다.
이리저리 바라보아도 그 꽃향기는 찾을 수 없다. 하늘을 바라보았다.
아! 그 꽃향기는 이름 모를 오래된 나무였다.
호기심이 생긴다.
무슨 나무이실래 꽃향기가 날까?
지나가는 사람에게 질문한다.
"저 나무는 무슨 나무지요?"
"아, 라일락이에요."
나는 봄이면, 그 골목길에서 라일락 향기를 맡는다.
그런데 어느 날 여름에 라일락 나무는 밑동만 남겨졌다.
새로운 환경으로 꾸민다는 집주인의 말이다.
아뿔싸! 이제는 어느 환경으로 꾸며질까?

- 골목길에서 -

▶ '지금 여기에' 떠오르는 단어들은 무엇일까요?

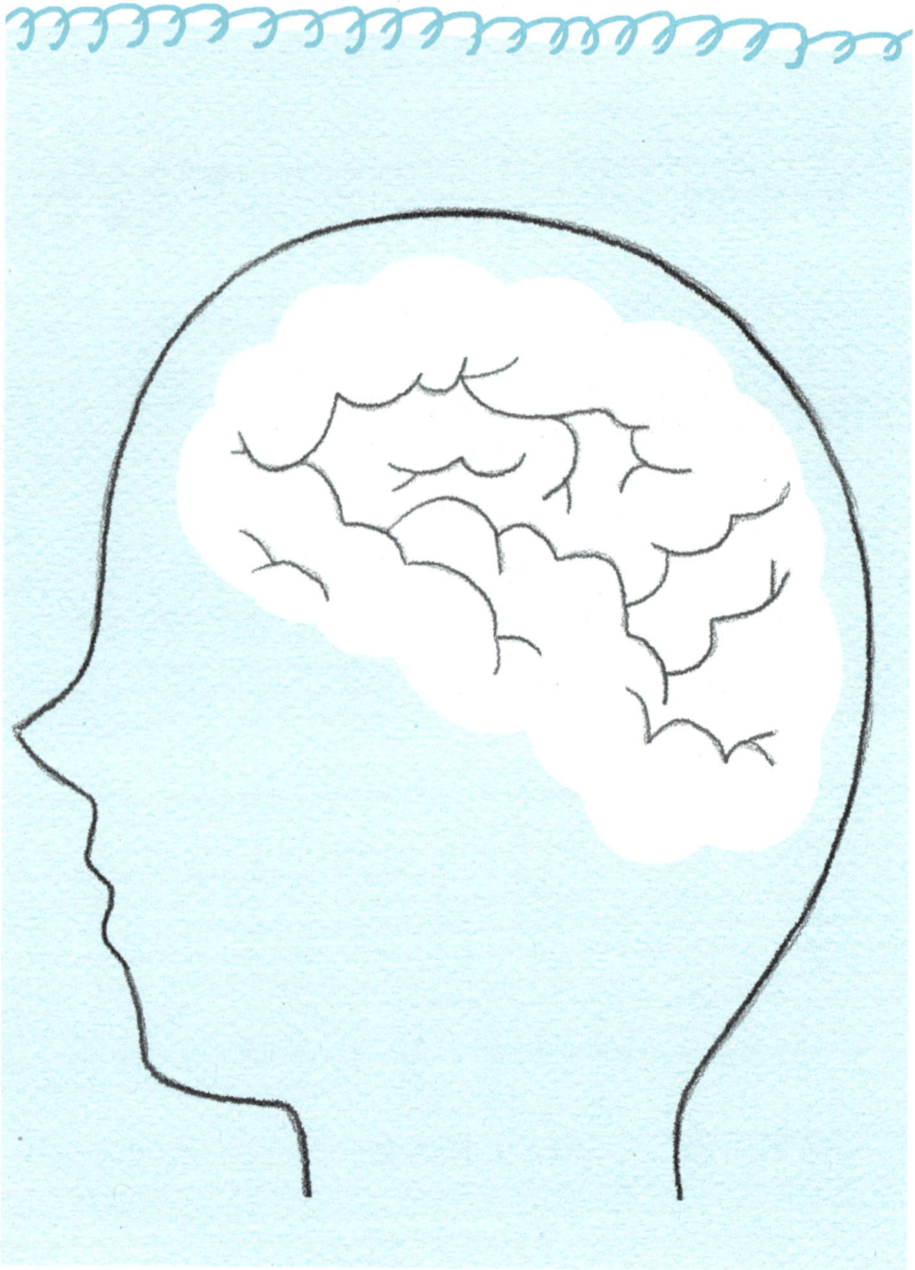

▶ 내가 자녀에게 하고 싶은 말이 무엇인지 그림이나 글로 표현해 보세요.

- 내가 자녀에게 하고 싶은 말은?

- 내가 자녀에게 듣고 싶은 말은?

▶ 내가 가장 힘들 때, 자주 찾아가는 장소는 어디인가요? 그림이나 글로 표현해 보세요.

• 내가 가장 힘들 때는?

• 내가 가장 힘들 때 주위환경은?

• 내가 가장 힘들 때 자주 찾아가는 장소는?

▶ 부모가 자녀를 양육하는 과정이 항상 행복하고 기쁘지는 않습니다. 때로는 힘들고, 짜증나고, 쉬고 싶을 때도 있습니다. 하지만 부정적인 정서로 쉼의 환경을 바꾼다면 어떻게 될까요? 부모가 가장 힘들고 쉬고 싶을 때, 긍정적이고 능동적으로 쉼의 장소를 바꾸는 것도 필요합니다. 내가 가장 힘들고, 쉬고 싶은 장소인 나의 쉼터(놀이터)를 다양한 소재를 이용하여 만들어 보세요.

5회기 경험보고서

5회기 프로그램에 참석한 느낌이나 소감을 적어보세요.

_______년 ____월 ____일　　　　별칭 ________________________

고추와 환경

매년 봄이면 어김없이 채소 모종들을 사서 아파트 베란다에 심는다. 마트나 시장골목에 가면 얼마든지 돈을 주고 고추를 사먹을 수 있지만, 그래도 손수 고추 모종을 심고 수확하는 기쁨을 만끽하고 싶다.
그렇다고 매년 심은 고추가 주렁주렁 열리는 것은 아니다.
가지와 잎은 무성하게 자라 꽃을 피우지만, 고춧가지에 핀 하얀 꽃은 어느 날 떨어지고 만다. 수확하는 사람으로서는 속상하기 그지 없다.
"아니! 분명히 고추 꽃이 피었는데, 또 떨어지네!"
결국 고추의 열매는 따 먹지 못하고, 무성한 잎만 따서 고추나물로 무쳐 먹는다. 그러면서 '다시는 고추를 심지 말아야지.'라고 혼잣말을 되새기지만, 왠지 속상함을 감출 수가 없다.
남편 역시, "아파트 베란다에 백날 심어봐야 고추 열매 보기는 어려울 걸…."
남편은 어린시절에 고추 농사를 지어 보았기에 뭔가 짐작하여 아는 듯하다.
하지만 나는 실패해도 봄이 되면 여러 채소 중에 고추도 꼭 심게 되지만, 수확의 결실을 얻지 못한다.
이러한 고추심기 3년 만에 터득한 것이 고추의 환경을 바꿔주는 작업이다.
결국, 고추가 건강하게 성장하여 열매를 맺히려면 과감하게 고추의 환경을 바꿔주는 작업이 필요하다는 것을 깨달은 것이다.
또한, 고추의 열매를 보기 위해서는 햇볕과 적당한 자연의 바람이 필요하다는 것도 알게 되었다.
금년에는 아파트 베란다의 실내가 아닌 창 밖의 베란다에 채송화와 봉숭아꽃 모종을 한켠에 두고, 옆에다가 다섯 그루의 고추 모종을 심었다.
새벽마다 물을 주고, 아낌없이 정성과 사랑을 주었더니 고대하고 고대하던 고추의 열매를 수확하게 되었다.

첫 열매를 따서 나 혼자 먹기가 아까워서 남편과 아이들에게 한입씩 시식하도록 하였다.

와! 이것이 행복인가? 이렇게 농부가 울고 웃는 감정을 공감하게 된다. 나 역시 비록 많은 고추 모종을 심지 않았지만, 열매를 따는 행복은 이루 말할 수 없다.

우리들의 일상생활에서도 고추 모종의 환경 바꾸기가 필요하지 않을까?

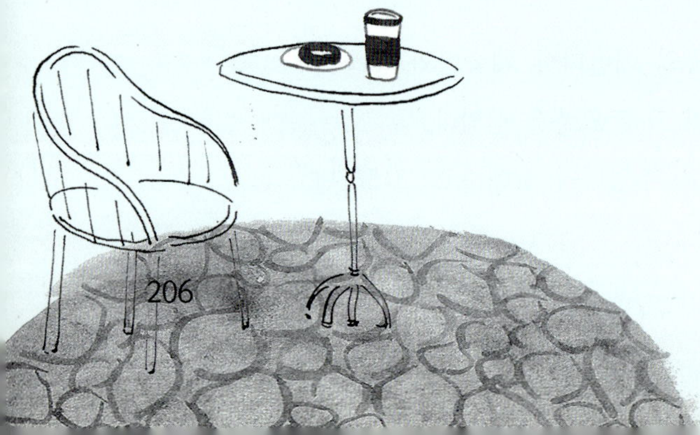

6회기: 수정된 자아 고정하기

영상자료

소나무

산에 가면 다양한 나무가 있습니다.
큰 나무, 작은 나무, 뾰족한 나무, 잎이 넓은 나무….
그런데 유독 잘 변하지 않는 나무가 있습니다.
소나무입니다.
봄이 와도
봄이 지나가도
여름이 와도
여름이 지나가도
가을이 와도
가을이 지나가도
겨울이 와도
겨울이 지나가도
소나무는 몇 가닥의 솔잎만 떨어질 뿐, 많이 변하지 않습니다.
사계절 내내 푸른 소나무의 향이 납니다.

- 등산을 하며 -

▶ 일상생활에서 자신에게 주어진 재능이 하찮은 것으로 느껴질 수도 있습니다. 하지만, 하찮은 것이라도 상대방에게는 소중한 장점이 될 수도 있습니다. 나의 장점과 단점은 무엇일까요?

• 나의 장점 20가지는?

• 나의 단점 5가지는?

▶ 부모와 자녀의 관계에서 매일 즐겁고 행복한 일만 생기지는 않습니다. 때로는 현재의 상황을 회피하고 싶을 때도 있습니다. 특히, 자녀와 어떤 상황에서 소통이 안되거나 회피하고 싶을 때, 그 상황을 주의배치하고 싶을 때가 있습니다. 어떤 상황을 배치하고 싶었는지 그림이나 글로 표현해 주세요.

• 어떤 상황이었나요?

• 긍정적으로?

• 부정적으로?

▶ 나와 자녀의 관계에서 주의가 산만한 상황이었을 때, 어떤 상황의 결과로 나타났나요? 그림이나 글로 표현해 주세요.

• 주의가 산만한 상황은?

• 결과는?

• 기분은?

▶ 자녀와의 관계에서 불협화음과 같은 상황이 발생할 때에는 주의배치가 필요합니다. 왜 이러한 상황이 발생했는지, 어디에 초점을 두어야 되는지, 부정적인 초점이 아닌 긍정적인 초점으로 배치하는 주의배치 정서조절이 필요합니다.

주의배치란?

개인이 주어진 상황에서 각자의 정서에 영향을 주기 위해서 어떻게 주의를 기울이는가를 의미하는 것입니다. 현재의 어떤 상황에서 다른 곳으로 주의를 돌리는 분산이나 주의 산만한 상황에서도 다른 상황으로 집중을 하는 것입니다. 또는 그 상황이 왜 일어났는지를 반복해서 느끼는 반추 등이 주의배치라고 할 수 있습니다.
예를 들어 부모-자녀의 관계에서 화가 엄청 났을 때, 어떤 부모는 자녀를 때리거나, 물건을 부수기도 합니다. 반대로 어떤 자녀는 유아기나 아동기 때는 순응적인 자녀였지만, 청소년이나 청년기가 되면 부모와 동등한 입장에 서서 부모에게 항의 하거나, 가출하는 경우도 있습니다.
이러한 상황에서는 긍정적인 주의배치 정서조절이 필요합니다. 즉, 환경을 전환시키는 것입니다. 시선을 바꾸고 집중하는 것이 중요합니다. 화가 날 경우, 넓은 운동장을 돌거나 산책하기, 음식 만들기, 맛있는 음식 먹기, 자연을 통한 환경을 바꾸는 등 정서의 초점을 바꾸는 것입니다. 따라서 주의배치는 상황을 수정하고 변화시키는 것이 불가능할 때 사용하는 초점을 변화시키는 일입니다. 분노나 우울 등을 감소시키는 긍정적인 주의배치는 부모가 노력해야 할 정서조절입니다.

▶ 자녀를 양육하는 과정에서 발생하는 부정적인 생각을 긍정적으로 생각하는 주의배치는 중요합니다. 부정적인 상황에서는 생각도 산만해지고 어떤 일에 집중도 안되고, 혼란스러워집니다. 이러한 상황에서 긍정적인 정서로 주의를 배치하는 연습과 노력이 필요합니다.

• 부정으로?

• 긍정으로?

▶ 자녀의 부정적인 정서상황에서도 부모는 긍정적으로 생각을 바꾸는 주의배치가 필요합니다. 주의배치는 정서조절이며 연습과 노력이 필요합니다. 부모와 자녀의 긍정적인 관계형성을 위해서 다양한 소재를 이용하여 칭찬 꽃 바구니를 만들어 보세요.

6회기 경험보고서

6회기 프로그램에 참석한 느낌이나 소감을 적어보세요.

_____년 ____월 ____일　　　　　　별칭 ______________________

부모의 장점 그리고 단점

자녀는 부모의 긍정적인 영향과 부정적인 영향에 따라서 부모에 장점과 단점을 나열할 때 차이가 있습니다.

부모에게 부정적인 생각을 많이 가지고 있는 자녀는 부모의 단점을 많이 기록하고, 부모에게 긍정적인 생각을 많이 가지고 있는 자녀는 장점을 많이 기록합니다. 부모의 장점과 단점에서 자녀는 자신의 장점과 단점에 공통점을 발견합니다.

'절대 나는 우리 부모를 닮지 않겠다.'고 선언하지만, 살다 보면 언제부터인가 내가 말하는 것, 행동하는 것, 대인관계 등에서 우리 부모와 똑같은 모습들이 나타납니다.

어느 한 중년 여성은 결혼 전에는 가장 존경하는 인물로 이순신 장군, 나이팅게일, 슈바이처 등이라고 말했습니다. 하지만 자신이 자녀를 양육하고, 부모의 자리에 있을 때에 그동안 자신을 양육했던 '어머니'를 가장 존경하는 인물로 자신있게 말한다고 하였습니다. 그 이유는 자신이 어머니가 되어보니 어머니의 역할이 얼마나 힘들고 어렵다는 것을 알게 되었고, 어머니가 가장 존경스럽다는 것입니다.

어느 한 아버지는 자신의 부모 장점과 단점을 기록하면서 자신이 느끼고 배운 점이 있다면, '이제부터라도 내 자식에게 부모로서의 단점보다는 장점을 많이 기록할 수 있도록 노력해야겠다.'라는 것입니다.

청소년기에 부모의 이혼을 경험한 한 청년은 자신의 장점과 단점은 기록할 수 있었지만, 부모의 장점과 단점은 도저히 떠오르지 않는다고 했습니다. 자신이 누구인가를 알고 있었지만, 부모의 장점과 단점을 들여다보는 과정에서 아직도 자신이 누구인가를 확실하게 더 탐색해봐야 할 것이라고 말했습니다.

부모가 나를 어떻게 양육했느냐에 따라 부모의 장점과 단점의 나열은 다르게 기록됩니다.

이러한 부모의 장점과 단점은 우리의 일상생활에 긍정적인 영향과 부정적인 영향을 미치게 됩니다.

하지만 심리학자인 로저스의 인간중심상담에서는 모든 인간은 유기체로서 독특한 존재라는 것을 강조합니다.

어느 부모가 모두 장점만 있을 것인가?

어느 부모가 모두 단점만 있을 것인가?

로저스는 인간이 선천적으로 선하게 태어났으며, 인간은 기본적으로 실현화 경향성의 잠재력을 갖고 태어나 자신을 성장시킬 수 있다고 봅니다. 그러나 인간이 부정적이고 악하게 된 것은 외부적인 영향인 부모나 사회, 학교, 환경 등에서 가하는 '가치의 조건화'에 의해 이러한 실현화 경향성이 방해받기 때문인 것으로 봅니다.

그렇기 때문에 로저스는 인간중심적인 태도인 일치성, 공감적 이해, 무조건적인 긍정적 존중을 상담의 목표로 제시합니다.

오늘 하루도 일상생활에서 나타나는 갈등이나 불안 등을 부모 탓으로 투사하는 것이 아니라, 부모의 장점과 단점도 한 인간으로서 독특성이 있다는 믿음을 가지고, 공감하고 긍정적인 관심으로 이해하면 어떨까요?

7회기: 용서에 눈을 뜨기

명상자료

아낌없이 주는 나무

울창한 숲속에 가면 많은 나무가 있습니다.
무더운 여름에는 나무들이 어서 오라고 반겨주는 것 같습니다.
작은 나무…. 큰 나무…. 눈에 띄는 나무가 있습니다.
늘 기대고, 쉬어갔던 나무였습니다.
그런데 그 나무의 열매, 나뭇잎, 가지와 모든 것이 사라졌습니다.
어느 목재로 사용되었을까? 어느 음식으로 사용되었을까?
어느 건축에 사용되었을까?
궁금증이 생깁니다.
나무는 밑동만 덩그러니 남아 있습니다.
나무가 사라짐을 알아서일까? 밑동 주위에는 잡초와 크고 작은 나무들, 이끼들이 함께 하고 있습니다.
그래도 사람들은 그 나무가 잘려 없어졌든지 아랑곳하지 않고 밑동에 앉아서 쉬어 갑니다.
참 아낌없이 주는 나무입니다.
부모도 밑동이 다 잘린 나무처럼
자녀에게 모든 것을 주려는 아낌없이 주는 나무가 아닐까요?

- 밑동만 남은 나무를 보며 -

▶ 나는 용서를 무엇이라고 생각하나요? 그림이나 글로 표현해 보세요.

• 나에게 용서란?

1. 이다.

2. 이다.

3. 이다.

4. 이다.

5. 이다.

▶ 용서에는 다양한 종류가 있습니다. 어떤 종류가 있을까요?

- 주는 용서는 피해자가 피해를 준 상대에게 복수, 분노, 적개심 등의 감정 그리고 판단 및 행동의 정서반응을 극복하고 관용에 반응하는 것입니다.

- 받는 용서는 가해자가 피해자에게 가서 용서를 구하고 용서를 받는 것입니다.

- 자기 용서는 자기 자신을 성찰하는 성숙한 과정이며, 자신과의 참된 만남을 통해서 자신을 사랑하는 것입니다.

▶ 용서와 관련된 정서의 언어는 무엇일까요? 나의 손바닥을 그리고 그 안에 용서의 단어들을 나열해 보세요.

▶ 용서와 관련된 긍정적인 정서 언어와 부정적인 정서 언어는 어떤 것일까요?

• 긍정적인 정서의 언어들은?

• 부정적인 정서의 언어들은?

▶ 부모와 자녀의 관계에서는 용서와 관련된 다양한 정서가 나타납니다. 나와 자녀의 관계에서는 어떤 상황에서 나타날까요? 그림이나 글로 표현해 주세요.

• 어떤 상황이었나요?

• 어떤 정서들이 나타났나요?

▶ 사람들마다 자신의 입장에서 용서를 이야기합니다. 부모-자녀의 관계에서도 비슷합니다. 용서는 대부분 부정적인 정서가 점점 사라지는 것입니다.

용서는 상대방에 대한 부정적인 정서가 사라지는 것입니다.

예를 들면, 분노, 미움, 증오, 원한, 슬픔, 비판, 복수, 처벌 등이 사라지고, 긍정적인 정서로 동정심, 사랑, 비판단적, 상대가 잘 되기를 바라며 도움을 주기도 하고, 부정적인 감정의 사라지고 화해하는 반응들입니다.

결국 용서는 분노상황에 있는 자신과 분노의 발생 원인을 제공한 상대방을 긍정적인 정서조절로 대처하는 긍정적이고 능동적인 행위입니다.

또한, 자신과 타인 그리고 부모와 자녀의 관계형성의 회복입니다.

▶ 내가 생각하는 용서의 모양과 색깔은 무엇일까요?(예: 동그라미, 세모, 네모 등) 모양과 색깔을 선택해 보세요.

• 용서의 모양과 색깔은?

• 지금 기분은?

▶ 용서는 부모와 자녀의 관계에서 꼭 필요한 정서조절의 도구입니다. 용서를 상징하는 만다라를 다양한 소재를 이용하여 만들어 보세요.

7회기 경험보고서

7회기 프로그램에 참석한 느낌이나 소감을 적어보세요.

______년 ____월 ____일　　　　별칭 ________________

》 용서는 사랑입니다

어느 날 밤에 위기의 한 어머니를 만났습니다.
그녀는 남편이 오랫동안 외도를 했다는 것입니다. 이제는 아이들도 크고, 자신도 어느 정도 혼자 살아갈 수 있다는 것입니다.
아이들이 어릴 때는 행여나 '상처를 줄까?' 고민하며 살아왔는데, 이제는 도저히 살 수가 없다고 합니다.
그녀는 가냘픈 몸으로 펑펑 울며, 흐느꼈습니다.
너무나 억울해서 화가 나고, 미쳐버릴 것 같다고 합니다.
남편은 이제 다른 여자가 생겼다는 것입니다.
"이제 어떻게 하면 좋을까요? 이혼해야 할까요? 아니면 그냥 용서하고 살까요?"
그러나 이혼은 도저히 할 수가 없다고 합니다.
너무나 억울해서 말이죠.
지금 당장 남편과 외도한 여자를 찾아가서 엎어버리고 싶고, 죽여버리고 싶다고 말합니다.
남편이 외도를 시작한 동기와 여인과의 갈등을 구구절절하게 들었을 때, 그녀는 또 "어떻게 하면 좋겠어요?"라고 질문합니다.
이런 어머니가 찾아왔을 때, 어떤 답변을 해주시겠습니까?

어렸을 때 부모로 인한 상처가 많았던 한 아버지가 찾아왔습니다.
아버지는 틈만 나면 어머니에게 폭력을 휘둘렀다는 것입니다.
어릴 때는 힘이 없어서 그냥 숨어 있거나, 보고 울고만 있었다고 합니다.
그러나 청소년이 되어서는 어머니의 방패막이 되어 어머니를 보호하며 살았다고 합니다.

이제 성인이 되니, 그 아버지가 너무나 밉고 분노가 올라온다고 합니다.

그런데 언젠가부터 자신도 아내에게 별 일 아닌 것으로 폭력을 사용한다는 것입니다.

여러분이라면 이러한 위기의 사람들을 어떻게 도우시겠습니까?

용서는 쉬운 일이 아닙니다.

아무리 신실한 종교와 신앙을 가진 사람이라 할지라도 마음에 분노와 상처가 있다면, 일상생활에서 억압된 감정들이 분출될 것입니다.

내면에 미해결된 과제들이 도저히 용서하지 못하는 상처들이라면 더욱 분노로 가득찰 것입니다.

그러나 용서는 사랑입니다.

용서함으로 마음에 치유가 일어납니다.

용서는 자신의 마음까지 평안하게 하는 처방전이 될 수 있습니다.

용서의 마음을 지니게 될 때, 미해결의 과제의 실마리를 풀 수 있는 지혜가 생깁니다.

용서를 실천하십시오.

용서는 자신을 사랑하는 마음의 근원이 되는 것입니다.

용서는 너무나 힘든 작업입니다.

그러나 자신의 건강을 위해서 실천하십시오.

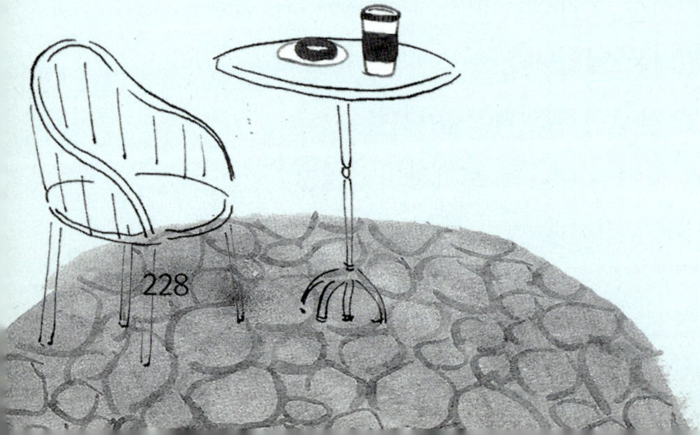

8회기: 용서 선택하기

명상자료

선택

시골에 5일장을 가면 볼거리가 많습니다.
다양한 물건이 진열되어 있습니다.
과일들…. 생선들…. 채소들…. 옷들…. 신발들….
여기저기에서
자신들의 물건을 사라고 소리칩니다.
물건을 파는 사람들은
물건을 사는 사람들에게 소리 지릅니다.
하지만,
물건을 사는 사람들은
침묵 속에서 고민하고 생각합니다.
무엇을 살까?
무엇을 선택할까?
물건을 사려는 사람의 선택에 따라서
물건을 파는 사람들의 기분이 달라집니다.
인생을 살아가면서도 우리는 끊임없는 선택을 하게 됩니다.
부모는 자녀를 선택하였을까?
자녀는 부모를 선택하였을까?

- 시장에서 -

▶ 나와 자녀의 관계의 부정적인 정서상황에서도 자녀를 용서해본 적이 있었나요? 그림이나 글로 표현해 보세요.

• 어떤 상황이었나요?

• 어떻게 용서를 하였나요?

• 기분은?

▶ 나는 자녀와의 관계에서 어떤 부정적인 상황이 발생하여 자녀에게 용서를 받아본 적이 있었나요? 그림이나 글로 표현해 보세요.

• 어떤 상황이었나요?

• 어떻게 용서를 하였나요?

• 기분은?

▶ 부모와 자녀와의 관계에서 부정적인 정서상황에는 적절한 정서조절이 필요합니다. 즉, 어떤 상황을 긍정적으로 바꾸는 재해석을 통하여 평가를 하는 것입니다. 이것이 인지변화입니다.

인지변화란?

어떤 상황을 바꾸는 것입니다.
인지변화는 그 어떤 상황 혹은 그것을 통제하는 능력에 대해 생각하는 것을 변화시키는 것입니다. 또한, 어떤 상황에 대한 정서적 중요성을 변화시키는 방법으로 정서에 대한 평가를 재해석하는 것입니다. 다시 설명하면, 우리들이 일상생활에서 정서반응에 변화가 생기는 방법으로 상황에 대한 의미를 바꾸는 것입니다. 그리고 내적인 정서를 변화시키고 부정적인 정서를 감소시킵니다. 인지변화는 부모가 자녀들을 양육하는 과정에서 자녀들의 정서반응에 도움을 준다고 합니다.
또한, 인지변화는 뇌구조와 관련이 있습니다. 이것은 신경내분비적 반응을 자극하기도 하며, 정서의 반응에 영향을 줍니다.
예를 들면, 애지중지 키운 자녀가 남자 친구나 여자 친구와 교제할 경우에 어떻게 할 까요? 어떤 부모는 죽일 놈, 살릴 놈 등의 언어 폭력을 하기도 하고, 부모를 배신했다고 화를 내는 경우도 있습니다. 부모-자녀의 관계형성을 부정적 관계로 만들어 갈 수 있습니다. 이럴 때에 자칫 부모가 신체적인 질병, 혹은 허약하거나 내성적일 경우에는 또 다른 질병 등이 발생할 수 있습니다. 이런 부정적인 상황에서도 부모와 자녀의 처한 상황을 재해석하고, 재평가를 통해서 부모와 자녀의 삶에 새로운 변화를 부모가 먼저 스스로 인식할 수 있는 것이 인지변화의 긍정적인 정서조절입니다.

▶ 자녀를 양육하는 과정에서 분노 같은 화가 치밀어 올랐을 때, 그 상황을 긍정적으로 바꾸는 재해석과 평가를 해본 적이 있으신가요? 그림이나 글로 표현해 보세요.

▶ 용서는 받는 용서가 있고, 주는 용서도 있습니다. 중요한 것은 자기를 용서하는 것입니다. 나를 용서하고, 자녀를 용서하는 것이 정서조절입니다. 용서의 선택은 용기가 필요합니다. 하지만, 부정적인 상황에서 용서를 선택하는 것은 두렵기도 합니다. 용서는 자신에게 주는 선물입니다. 그리고 쉽고도 어려운 일입니다. 다양한 소재를 가지고 용서인형을 만들어 보세요.

8회기 경험보고서

8회기 프로그램에 참석한 느낌이나 소감을 적어보세요.

_______년 _____월 _____일 별칭 ______________________________

》 못나도 울 엄마

사춘기 시절 읽었던 책 중에 기억나는 제목이 있습니다.

제목은 『못나도 울 엄마』입니다.

책의 결론은 아무리 못나도 우리 엄마라는 것입니다.

자녀는 부모의 품속을 점점 벗어나고, 부모보다는 친구들과 하는 집단활동을 더 좋아합니다. 그럼에도 불구하고 부모는 내가 낳은 자식이라고 더 품안으로 끌어안으려고 한다는 것입니다. 부모의 품을 벗어나서 자신이 누구인지를 알아가는 것은 당연한 자녀의 발달과정입니다.

상담을 하다 보면 부모와 자녀의 관계, 특히 한참 자아정체성의 과정을 알아가려는 청소년기의 자녀와 마찰이 생각보다 많다는 것입니다. 무더운 여름은 집보다 밖을 좋아하는 청소년 자녀들과 '울 엄마'들의 관계에서 충돌이 일어나고 있습니다.

우리가 기억해야 할 것은 청소년 자녀는 '울 엄마'의 품보다 친구들과 세상의 것에 호기심이 많고, 부모는 자녀를 더 품안으로 끌어들이기를 원한다는 것입니다.

청소년 자녀들은 사춘기….

'울 엄마'는 사추기….

지혜로운 부모와 청소년 자녀는 과제로써 가족의 발달주기를 서로가 알아야 합니다. '못나도 울 엄마'와 청소년 자녀의 관계가 회복되시기를….

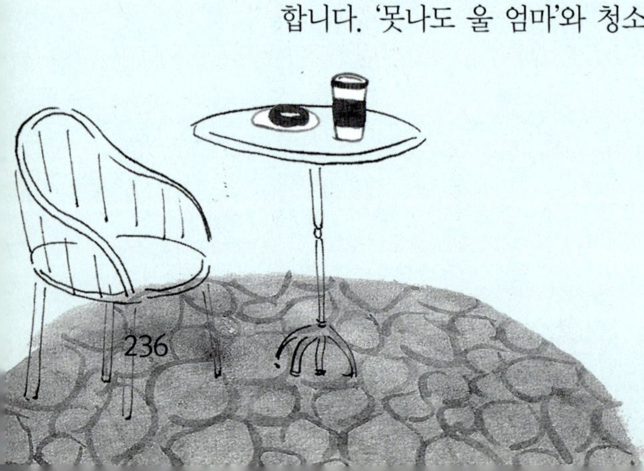

9회기: 용서로 시작하기

영상자료

친구가 필요해

언젠가, 먼 지방에서 올라온 어머니가 있었습니다.
너무나 힘들고, 당장 의지해야 할 이가 아무도 없었기에
그 먼 곳에서 기차를 타고, 버스를 타고, 택시를 타고,
상담실을 찾아왔습니다.
너무나 여리고 지쳐있는 어머니의 모습이었습니다.
그는 유창한 상담의 전문용어도, 훌륭한 언어도, 조언도
필요 없었습니다.
다만, 어머니의 이야기를 들어주고 마음을 이해해주기를 원했습니다.
그에게는 진정한 '친구'가 필요했습니다.
한 4시간 동안 한없이 힘든 일들을 털어놓았습니다.
마음이 후련했나 봅니다.
그는 친구가 되고 싶다고 했습니다.
진정한 친구, 당신에 마음을 알아줄 진정한 친구가 몇 명이나
있으십니까?

- 친구가 없는 외로운 내담자를 만나고 -

▶ 나의 주위에서 용서를 실천하는 사람들의 이야기를 들어보셨나요? 그들의 삶은 용서를 실천하기 전과 후에 어떻게 바뀌었나요? 그림이나 글로 표현해 보세요.

• 용서한 사람들은?

• 용서를 실천하기 전의 생활은?

• 용서를 실천한 후의 생활은?

• 기분은?

▶ 내가 자녀를 용서했을 때, 나의 신체 반응(눈, 코, 입, 손, 발, 심장 등)은 어떻게 변했나요? 나의 신체를 그리고, 신체 부분에 나타난 정서반응들을 모양과 색깔로 표현해 보세요.

▶ 자녀가 나를 용서했을 때, 나의 신체(눈, 코, 입, 손, 발, 심장 등)에는 어떤 반응들이 나타났나요? 나의 신체를 그리고, 신체 부분에 나타난 정서반응들을 모양과 색깔로 표현해 보세요.

▶ 내가 내 자신을 용서했을 때, 나의 신체(눈, 코, 입, 손, 발, 심장 등)에는 어떤 반응들이 나타났나요? 나의 신체를 그리고, 신체 부분에 나타난 정서반응들을 모양과 색깔로 표현해 보세요.

▶ 용서의 실천은 부모와 자녀에게 다양한 정서반응과 행동으로 표현합니다. 용서는 긍정적인 정서표현과 반응이 나타납니다. 하지만, 용서를 실천하지 않을 경우 자칫 또 다른 생리적인 반응이 나타날 수 있습니다. 이것이 반응조절인 정서조절입니다.

반응조절이란?

반응조절은 어떤 정서적 상황의 행동이나 경험에 의해 발생한 정서표현이나 행동을 감추거나 드러내는 경우입니다. 또는 약물의 이완 등을 통해서 생리적 반응이 나타날 수 있습니다. 즉, 반응조절은 정서표현 행동을 조절하는 데 관련이 있습니다.

만약 부모가 자녀와의 관계에서 대화나 행동에서 화가 날 경우, 부모가 느낀 감정을 자녀에게 표현할 수 있습니다. 부모의 감정을 부정적으로 자녀에게 표현할 경우, 자녀도 부모의 부정적 정서를 따라서 표현할 수 있습니다.

긍정적인 상황에서는 운동이나, 휴식 등을 통한 반응조절이 나타날 수 있지만, 부정적인 상황에서는 약물 등을 오용이나 남용을 통해서 신체적, 정신적 그리고 사회적으로도 부정적인 영향을 줄 수 있습니다. 반응조절은 부모의 정서반응을 변화시키는 정서조절입니다.

▶ 용서의 시작은 타인을 위한 것이 아니라, 나 자신을 위한 것입니다. 용서의 시작은 부모와 자녀의 삶을 더욱 건강하고 긍정적으로 만들어 가는 동기가 됩니다. 용서는 자신에게 주는 선물이기도 합니다. 다양한 소재를 이용하여 용서팔찌를 만들어 보세요.

9회기 경험보고서

9회기 프로그램에 참석한 느낌이나 소감을 적어보세요.

_______년 ____월 ____일 별칭 ______________________

》분노의 알아차림

분노로 살아가는 한 여인이 있었습니다.
그 분노의 원인은 남편의 언어와 행동 때문이라고 생각하였습니다.
하지만 그 분노의 원인은 남편뿐만 아니라, 어린시절 성장과정에서 재혼한 아버지의 부인인 새엄마에게 정신적·육체적 학대로부터 시작된 것을 알았습니다. 나이가 어리다보니 그 누구에게도 원망이나 분노를 표현할 수 없었고, 분노는 결혼 후에 남편에게 투사되었던 것입니다. 그 여인은 자신의 분노를 상담을 통해서 알아차림으로써 남편을 용서하고 진정한 부부사랑을 회복하게 되었습니다.

쉼터

2012년에 장발장과 관련된 '레미제라블'이라는 영화가 극장가에서 최고의 영화로 자리매김했었습니다. 저는 음악을 좋아하기 때문에 너무나 감동을 받으며 보았습니다. 마치 제 자신이 오페라 주인공이 되는 듯 하였습니다.
빵 한 조각을 훔친 죄로 19년의 감옥살이를 한 장발장은 전과자라는 이유만으로 박해를 받았습니다. 우연히 만난 신부의 도움으로 새로운 삶을 결심하게 되었습니다. 마들렌이라는 새 이름으로 가난한 이들을 도우며 지내던 장발장은 운명의 여인인 판틴과 만나게 되었습니다. 죽음을 눈앞에 둔 판틴은 자신의 유일한 딸, 코제트를 장발장에게 부탁하였습니다. 그러나 코제트를 만나기도 전에 경감 자베르에게 오래된 누명으로 다시 체포된 장발장은 목숨을 건 탈옥을 감행하였습니다. 그 이후 장발장과 자베르의 만남에서 용서와 사랑이 펼쳐지게 되었습니다.
우리들에게는 자신을 괴롭히고 분노하게 한 상대방 즉, 타인을 용서하고 사랑하는 것이 그리 쉬운 일은 아닙니다.

하지만, 용서와 사랑은 자신을 용서하고 사랑하는 것입니다. 자신을 용서하고 사랑하지 못하는 사람은 상대방을 용서하지 못하고 사랑할 수 없습니다. 나와 우리 그리고 부모를 용서하고 사랑하는 감정의 표현을 실천해보면 어떨까요?

10회기: 새로운 용서의 삶

영상자료

프레임의 변화

우리는 종종 나의 프레임 때문에 상대방을 이해하지 못하며,
용서하지 못하고 살아갈 때도 있습니다.
프레임은 세상을 바라보는 마음의 창입니다.
어떤 문제를 바라보는 관점, 사람들에 대한 고정관념 등이
모두 프레임의 범주에 포함됩니다.
하루하루를 살아가면서 때로는 상대방과의 어떤 부정적인 문제로
상황이 좋지 못한 경우도 있습니다.
상대방보다 나의 프레임으로 생각과 판단을 하고 결정하게 됩니다.
부모와 자녀 관계 속에서도 자녀는 성장하면서 자신만의 프레임을
형성하며, 부모의 프레임에 많은 영향을 받게 됩니다.
오늘 하루도 일상생활에서 이해하지 못하고 용서하지 못하는
프레임의 상황들이 발생하였나요?
부모의 프레임 변화는 자녀의 삶을 새로운 프레임으로 창조해
나갈 수 있는 원동력입니다.
또한 부모의 프레임을 내려놓을 때,
부모의 삶이 행복의 여정으로 나아갈 수 있습니다.
잠시 부모의 프레임을 내려놓으면 어떨까요?

▶ 나는 용서의 삶을 시작하면서 어떤 연습과 노력을 하였는지 그림이나 글로 표현해 보세요.

• 어떤 연습을 하셨나요?

• 어떤 노력을 하셨나요?

• 기분은?

▶ 용서의 삶은 무엇일까요?

용서의 삶은 의자에 가만히 앉아 있지 않습니다.

수동자세가 아닙니다.

움직이는 것입니다.

능동적인 것입니다.

연습하는 것입니다.

노력하는 것입니다.

용서의 삶은 부모가 먼저 자녀를 향해 사랑의 손을 내미는 것입니다.

용서의 손은 긍정적인 정서조절입니다.

용서는 나와 자녀, 우리 가족 그리고 이웃과 사회 공동체를 사랑하는 정서조절입니다.

▶ 화가 나거나 기분이 나쁠 때, 어떤 음식이나 운동으로 정서를 조절하셨나요? 그림이나 글로 표현해 보세요.

• 어떤 음식을 드셨나요?

• 어떤 운동을 하셨나요?

• 어떤 약을 드셨나요?

• 기분은?

▶ 새로운 용서의 삶을 살기 위해서, 다양한 소재를 이용하여 용서나무를 꾸며 보세요.(손, 발 등 나의 신체를 이용해 보세요.)

▶ 나에게 보내는 편지를 작성해 보세요.

• 사랑하는 나 ○○○에게

▶ 자녀에게 보내는 편지를 작성해 보세요.

• 사랑하는 자녀 ○○○에게

10회기 경험보고서

10회기 프로그램에 참석한 느낌이나 소감을 적어보세요.

_______년 ____월 ____일 별칭 ______________________________

》 가장 기억에 남는 선생님

쉼터

일생을 살아오면서 많은 선생님을 만났습니다.
매스컴에 '선생님'이라는 주제로 놀라운 사건과 소식들이 나와
저를 놀라게 할 때가 있습니다.
코흘리개 제자들이 성금한 금액으로 회식을 한 선생님,
제자를 성 추행한 선생님,
제자를 폭행한 선생님,
너무나 많은 선생님의 사건들이 사회에 이슈를 제공하고 있습니다.

저에게는 종종 기억에 남는 선생님들이 있습니다.
똑똑한 선생님….
부자 선생님….
멋쟁이 선생님….
무서운 선생님….
지식이 많은 선생님….
잘생긴 선생님….
호탕한 선생님….
뚱뚱한 선생님….
날씬한 선생님….
스마일 선생님….
지저분한 선생님….
매일 혼내는 선생님….
인상 찌푸리는 선생님….

자상한 선생님….
위선적인 선생님….
거만한 선생님….
편견이 많은 선생님….
공부를 잘 가르치는 선생님 등
이 외에도 너무나 많은 선생님의 얼굴들이 그려집니다.

그러나 가장 기억에 남는 선생님은
사랑이 많으신 선생님입니다.
사랑을 가지고 진심으로 제자를 대하고 세워주는
참된 사랑을 실천한 신뢰할 수 있는 믿음의 선생님입니다.

가정 안에서 참된 사랑을 전해주고 심어주는 선생님은
자녀를 양육하는 아버지와 어머니인 부모입니다.
부모는 자녀에게 가장 생애에 남는 선생님입니다.

프로그램 평가 및 소감

별칭 ________________

여러분이 참여한 본 프로그램에 대한 평가를 ○표로 답해 주십시오.

1. 정서조절의 전체 내용에 대한 나의 만족도는 어떤가요?
   ① 매우 도움 됨( ) ② 도움 됨( ) ③ 보통( ) ④ 별로 도움 안 됨( )
   ⑤ 전혀 도움 안 됨( )

2. 정서조절의 진행방법에 대한 나의 만족도는 어떤가요?
   ① 매우 도움 됨( ) ② 도움 됨( ) ③ 보통( ) ④ 별로 도움 안 됨( )
   ⑤ 전혀 도움 안 됨( )

3. 정서조절의 진행자에 대한 나의 만족도는 어떤가요?
   ① 매우 도움 됨( ) ② 도움 됨( ) ③ 보통( ) ④ 별로 도움 안 됨( )
   ⑤ 전혀 도움 안 됨( )

4. 정서조절의 참가 희망에 대한 만족도는 어떤가요?
   ① 매우 도움 됨( ) ② 도움 됨( ) ③ 보통( ) ④ 별로 도움 안 됨( )
   ⑤ 전혀 도움 안 됨( )

5. 정서조절의 목표달성에 대한 나의 만족도는 어떤가요?
   ① 매우 도움 됨( ) ② 도움 됨( ) ③ 보통( ) ④ 별로 도움 안 됨( )
   ⑤ 전혀 도움 안 됨( )

6. 본 프로그램은 나에게 피해를 주거나 힘들게 한 사람을 용서하는 데 어느 정도 도움이 되었나요?

   ① 매우 도움 됨( ) ② 도움 됨( ) ③ 보통( ) ④ 별로 도움 안 됨( )

   ⑤ 전혀 도움 안 됨( )

7. 본 프로그램은 자녀를 양육하는 데 어느 정도 도움이 되었나요?

   ① 매우 도움 됨( ) ② 도움 됨( ) ③ 보통( ) ④ 별로 도움 안 됨( )

   ⑤ 전혀 도움 안 됨( )

8. 프로그램 내용 중에서 가장 기억에 남는 내용이나 활동은 무엇이었나요? 그 이유는 무엇이었나요?

9. 이 프로그램을 다른 부모에게도 권하고 싶은가요?

10. 본 프로그램을 마치면서 나 자신에게 해 주고 싶은 격려의 말 또는 앞으로의 각오는 무엇인가요?

참고문헌

강주리(2010). 부모의 양육행동 및 남녀청소년의 정서지능이 용서수준에 미치는 영향. 석사학위논문, 이화여자대학교.

곽승주(2008). 가정과 어린이집에서 나타나는 영아의 부정적 정서에 관한 문화기술적 탐구. 박사학위논문, 성신여자대학교.

권석만(2009). 젊은이를 위한 인간관계의 심리학. 서울: 학지사.

김경희(2013). 어머니의 의사소통이 유아의 정서조절 능력에 미치는 영향. 석사학위 논문, 카톨릭대학교.

김경희 · 이재연(1991). 부모권위척도와 준거변인의 관계분석. 아동학회지, 12(2), 130-145.

김광수(2008). 용서상담 프로그램: 아동 및 청소년의 또래 대인관계 문제 개선과 정서 능력 개발을 중심으로. 서울: 학지사.

김광수 · 김경집(2007). 용서상담 프로그램이 초등학생의 용서수준과 공감능력에 미치는 영향. 아시아교육연구. 제8권 제4호 통권24호, 87-109, 서울대학교 교육연구소.

김귀랑(2005). 아동의 분노표현과 또래폭력 경험. 석사학위논문, 숙명여자대학교.

김주영(2011). 영아의 정서조절능력 측정척도 개발. 박사학위논문, 덕성여자대학교.

김태옥(2011). 청소년의 부모-자녀 갈등과 용서, 문제행동과의 관계. 석사학위논문, 국민대학교.

김호정(2001). 어머니의 정서표현성과 아동의 자기조절 능력이 문제 행동에 미치는 영향, 석사학위논문, 이화여자대학교.

김희라(2010). 개인 용서상담 프로그램이 위기 청소년의 정신건강에 미치는 영향. 박사학위논문, 인제대학교.

남지현(2013). 아동이 지각하는 부모와의 의사소통 개방도가 아동의 공감능력에 미치는 영향: 정서조절능력의 매개효과. 석사학위논문, 서강대학교.

노안영(2008). 상담심리학의 이론과 실제. 서울: 학지사.

마유미(2012). 자연에서 나타나는 유아들의 긍정적 정서에 관한 연구. 석사학위논문, 숙명여자대학교.

문수이(2015). 청소년의 부모애착과 학교적응의 관계에서 정서조절 양식의 매개효과. 석사학위논문, 광주여자대학교.

박경남(2014). 부모지지가 청소년의 학교생활 적응에 미치는 영향: 자아요인과 정서조절의 매개효과를 중심으로. 박사학위논문, 한세대학교.

박서정(2004). 어머니의 정서사회화 행동과 학령기 아동의 정서조절 전략 및 정서조절 능력간의 관계. 박사학위 논문, 성균관대학교.

박성연 · 김상희 · 김지신 · 박응임 · 전춘애 · 임희수(2003). 자녀와의 진정한 만남을 위한 부모교육. 서울: 교육과학사. 15-71.

박순아(2015). Lazarus와 Folkman의 스트레스 평가-대처 모델에 근거한 스트레스 관리 프로그램이 조현병 환자의 입원스트레스, 문제해결능력 및 삶의 질에 미치는 영향. 박사학위논문, 경상대학교.

박유경(2009). 자녀의 부정적 정서에 대한 부모반응과 자녀의 정서조절 방략의 관계: 자녀의 정서인식을 매개로. 석사학위논문, 가톨릭대학교.

반신환(2009). 개인주의 용서상담과 집단주의 문화 병행의 용서상담: 목표와 과정. 상담과 기독교, 4. 대전: 한국기독교심리상담학회.

반신환(2011). 감정중심 부부치료(Emotionally focused couple therapy)에서의 감정과 감정조절. 상담과 기독교, 6, 1-12. 대전: 한국기독교심리상담학회.

손운산(2008). 용서와 치료. 서울: 이화여자대학교 출판부.
손재민(2005). 정서조절 방략 사용에서의 개인차: 인지적 재해석인과 정서표현 억제인의 비교. 석사학위논문, 서울대학교.
신봉희(2005). 교류분석 부모교육이 어머니의 심리적 자세에 미치는 영향. 석사학위논문, 고려대학교.
신종수(2009). 용서 상담프로그램이 상황적 · 외적인 귀인성향자에게 미치는 영향. 박사학위논문, 서울벤처정보대학원대학교. 8, 8–38.
안희정(2005). 부모효능감과 가족응집력 향상을 위한 부모교육 프로그램 개발과 효과에 관한 연구. 박사학위논문, 홍익대학교.
여은진(2009), 유아와 어머니 정서성, 어머니의 정서사회화 행동 및 유아 정서조절간의 구조 분석, 박사학위논문, 덕성여자대학교. p. 31.
오세덕(1995). 부모역할훈련 프로그램과 부모의 자기이해 프로그램의 효과 비교. 박사학위논문, 전남대학교.
오세진(1999). 인간행동과 심리학. 서울: 학지사.
오인경(2009). 부모양육행동과 행동억제 기질이 청소년의 사회불안에 미치는 영향: 정서조절 방략의 매개효과. 석사학위논문, 성신여자대학교.
유안진 · 김연진(1997). 부모교육. 서울: 동문사.
유안진 · 김연진(2003, 2005). 부모교육의 이론과 실제. 서울: 동문사.
유영주(2013). 어머니의 스트레스 대처방식과 유아의 정서조절 능력과의 관계. 석사학위논문, 인하대학교.
윤영숙(2013). 부모교육 프로그램의 효과성 평가 척도 개발. 박사학위논문, 경성대학교. pp. 8–9.
이경희(2016). 유아기 자녀를 둔 아버지의 아동기 부자경험과 배우자의 지지가 아버지 역할수행에 미치는 영향. 석사학위논문, 한양대학교.
이새현(2015). 어머니의 양육스트레스와 자녀의 부정정서 표현에 대한 반응과의 관계: 정서조절 곤란을 매개로. 석사학위논문, 가톨릭대학교.
이세련(2015). 청소년 부모 애착과 우울의 관계에서 정서조절 양식의 매개효과. 석사학위논문, 광주대학교.
이소영(2010). 부모의 정서표현이 아동의 정서조절 전략에 미치는 영향, 석사학위논문, 숙명여자대학교.
이순선(2015). 자연친화적 산책활동 프로그램이 영아의 그림표현력과 정서지능 및 또래상호작용에 미치는 효과, 석사학위논문. 동아대학교.
이아름(2009). 정서조절이 신체증상에 미치는 영향: 용서와 복수의 매개효과. 석사학위 논문, 경상대학교.
이예원(2015). 유아의 기질 및 부정적 정서표현에 대한 모의 반응이 유아의 정서 조절 능력에 미치는 영향. 석사학위논문, 숙명여자대학교.
이장호(2005). 상담심리학. 서울: 박영사.
이재연 · 김경희(1992). 부모교육. 서울: 양서원.
이지영(2008). 정서조절방략과 정서장애의 관계 및 체험적 정서조절방략의 효과. 박사학위논문, 서울대학교.
이지영 · 권석만(2006). 정서조절과 정신병리의 관계: 연구 현황과 과제, 한국심리학회지: 상담 및 심리치료. 제18권 제3호, 461–493, 한국심리학회.
이현경(2009). 대학생이 지각한 부모–자녀의사소통 및 애착과 사회관계 성향과의 관계: 정서지능을 매개로. 석사학위논문, 전남대학교.

임낙철(2009). 지체장애 선수의 정서, 열정, 생활만족, 시합전략. 박사학위논문, 성균관대학교.

임연정(2015). 아동이 지각한 부·모의 양육태도와 또래관계에서 정서조절능력의 매개효과. 석사학위논문, 숙명여자대학교.

임한나(2011). 부모교육 관련 변인에 따른 양육 효능감 및 양육지식과 사회적 지원에 대한 연구: 영아기 자녀를 둔 어머니 대상으로. 석사학위논문, 중앙대학교.

임희수(2001). 아동의 기질, 어머니의 정서조절 및 양육행동과 아동의 정서조절간의 관계. 박사학위논문, 이화여자대학교.

장휘숙(2001). 아동발달, 아동의 심리적 세계. 서울: 박영사.

전효선(2014). 어머니의 양육행동과 정서표현성이 만 2세 영아의 정서조절능력에 미치는 영향. 석사학위논문, 가천대학교.

정갑순(2002). 부모-자녀관계와 자기효능감, 성취동기, 학업성취간의 관계에 대한 종단적 분석, 박사학위논문, 인하대학교.

정갑순(2006). 부모교육론. 서울: 창지사.

정명화 · 강승희 · 김윤옥 · 박성미 · 신경숙 · 신경일 · 임은경 · 허승희 · 황희숙(2005). 정서와 교육. 서울: 학지사.

정옥분 · 정순화(2012). 부모교육. 서울: 학지사. pp. 21-22.

정옥분 · 정순화 · 황현주(2012). 애착과 발달. 서울: 학지사.

정옥분 · 정순화 · 임정하(2007). 정서발달과 정서지능. 서울: 학지사.

정지윤(2005). 용서교육 프로그램이 초등학교 아동의 용서정도와 대인관계에 미치는 효과, 석사학위논문, 서울교육대학교.

정현숙 · 유계숙 · 어주경 · 전혜정 · 박주희(2002). 부모학. 서울: 신정. p. 18.

조미훈(2015). 어머니의 언어적 · 비언어적 상호작용과 만 2세 언어능력 간의 관계-그림책 읽기 상황을 중심으로, 석사학위논문, 남서울대학교.

조수현(2009). 어머니의 양육행동과 아동의 자아존중감, 정서조절방략 및 정서조절능력간의 경로모형. 석사학위논문, 동아대학교.

조숙(2012). 이혼가정 청소년의 정서조절. 박사학위 논문, 한남대학교.

조숙(2013). 분노와 정서조절. 서울: 창지사. pp. 73-115.

조은혜(2015). 부모의 정서조절곤란과 청소년의 정서조절곤란의 관계: 부모의 정서무효화의 역할. 석사학위논문, 서울여자대학교.

주영(2013). 용서프로그램이 부모-자녀 갈등 경험 청소년의 분노, 부모-자녀 관계 만족도 및 대인관계에 미치는 영향. 석사학위논문, 중앙대학교. pp. 1-2.

주자현(2005). 용서교육 프로그램이 부모-자녀 의사소통과 부모-자녀 정서적 친밀도 수준에 미치는 영향. 석사학위논문, 명지대학교.

최인실(2004). 청소년이 지각한 가족갈등과 심리적 적응 및 진로태도성숙도에 관한 연구. 석사학위논문, 전북대학교.

최재석(1982). 현대가족연구. 서울: 일지사.

최재석(1994). 한국인의 사회적 성격. 서울: 현음사.

한선화(2006). 청소년의 정서성과 정서조절 전략 및 자기통제력. 석사학위논문, 인하대학교.

홍경자(2007). 현대의 적극적인 부모역할 훈련. 서울: 학지사.

홍미정(2014). *중학생이 지각한 부모애착과 학교생활적응의 관계: 정서조절곤란의 매개효과*. 석사학위논문, 서강대학교.

홍소현(2016). *어머니의 양육행동, 양육효능감, 정서조절양식이 유아의 또래유능성에 미치는 영향*, 인천대학교, 석사학위논문.

Ainsworth, M. D. S.(1989), *Attachment beyond infancy*. American Psychologist, 44, 709-716.

Anisworth, M. D. S.(1973). The development of infant-mother attachment. In b. M. Caldwell & H. N. Ricciuti(Eds). *Review of child development research*(Vol. 3). Chicago Press.

Bachorowski, J. A., & Owren, M. J.(2008). Vocal expressions of emotion. In M. Lewis, J. M. Haviland-Jones L. F. Barrett (Eds.), *Handbook of emotions*, N.Y.: Guilford.

Barbalet, J. M.(1998). Emotion, Social theory, and social structure: *A macro-sociological approach*. cambridge University Press.

Baumeister, R. E., Exline, J. J., & Sommer, K. L.(1998). The victim role, grudge theory, and two dimensions of forgiveness. In E. L. Worthington, Jr. (Ed.), *Dimensions of forgiveness: Psychological research & theological perspective*(pp. 79-104). PA: Templeton Foundation Press.

Beavers, W. R.(1997). *Psychotherapy and growth*. N.Y.: Brunner/Mayel.

Beer, J. S., & Lombardo, M. V.(2007). Insights into emotion regulation from neuropsychology. In J. J. Gross (Ed.), *Handbook of emotion regulation*(pp. 69-86). N.Y.: Guilford.

Berk(2002). Infants and children: Parental through middle childhood. MA: Allyn & Bacon.

Berry, J. W.(2004). Fundamental Psychological processes in intercultural relations. In D. Landis, J. Bennett, & M. Bennett(Eds.), *Handbook of intercultural training*, (3rd ed.) (pp. 166-184). Thousand Oaks, CA: Sage.

Bigner, J. J. (1979). Attitudes toward fathering and father-child activity. *Home economics research journal. 6*(2). 89-106.

Bowlby, J.(1969). Attachment and loss: (Attachment, Vol. 1). N.Y.: Basic Books.

Bowlby, J.(1982). Attachment and loss(Vol. 1): Attachment(2th ed.). N.Y.: Basic Book.

Bowlby, J.(1988). *A Secure base: Clinical applications of attachment theory*. London: Routledge.

Brim, O. G.(1959). *Journal of Education for children Rearing*. N.Y.: Russell Sage.

Brim, O. G.(1965). *Education for child rearing*. N.Y.: russell Sage Foundation.

Brown, I. Jr., & Inouye, D. K.(1978). Learned helplessness through modeling: The role of perceived similarity in competence. *Journal of personality and Social Psychology, 36*, 900-908.

Brown, R. P.(2003). Measuring individual differences in the tendency to forgive: construct validity and links with depression. *Personality and Social Psychology Bulletin*, 29, 759-771.

Byng-Hall, J. (1999). Family and couple therapy: Toward greater security. In Cassidy, J., & Shaver, P. R. (Eds). *Handbook of attachment: Theory, research, and clinical applications* (pp. 625-645). N.Y.: Guilford.

Calkins, S. D., & Johnson, M. C.(1998). Toddler regulation of distress to frustrating events: Temperamental and maternal correlates. *Infant Behavior and Development*, 21, 379-395.

Cannon, W. B. (1929). *Bodily changes in pain, hunger, fear and rage*. N.Y.: Appleton.

Cataldo, C. Z.(1987). *Parent education for early Childbood*. Teachers College Press.

Cherlin, A. J., Chase-Lansdale, P. L., & McRae, C.(1998). Effects of parental divorce on mental health throughout the life course. *American Sociological Review, 63*, 239-249.

Cho, Y, H., & Park, H. H.(1998). Conflict management in Korea: The Wisdom of dynamic collectivism. In K. Leung and D. Tjosvold (Eds), *Conflict management in the Asia Pacific* (pp. 15-48). Singapore: Wiley.

Cutrona, C. E., & Troutman, B. R.(1986). Social support, infant temperament, and parenting self-efficacy: A mediational model of postpartum depression. *Child Development*, 57, 1507-1518.

Denham, S. A., & Couchoud., E.(1990). *Young preschooler's ability to identify emotions in equivocal situations*. Child Study Jounal. 20, 153-169.

Dodge, K. A.(1989). Coordinating responses. *Motivation and Emotion, 27,* 125-156.

Eathart, E. M. (1980). *Parent education A lifelong process. Journal of Home economics*, 72(1), 39-43.

Eisenberg, N. A., Cumberland, A., Spinrad, T. L. (1998). Parental socialization of emotion. *Psychological Inquiry, 9*(4), 241-273.

Eisenberg, N. A., Fabes, R. A., Carlo, G., & Karbon, M.(1992). Emotional responsivity to others: Behavioral correlates and socialization antecedents. *New Directions in Child Development*, 55, 57-73.

Eisenberg, N. A., Fabes, R. A., Shepard, S. A., Guthrie, I. K., Murphy, B. C., & Reiser, M (1999). Parental reactions to children's negative emotions: Longitudinal relations to quality of children's social functioning. *Child Development*, 70, 513-534.

Eisenberg, N. A., Fabes, R. A., Shepard, S. A., Guthrie, I. K., Murphy, B. C., & Reiser, M (1999). Parental reactions to children's negative emotions: Longitudinal relations to quality of children's social functioning. *Child Development*, 70(2), 448-455.

Ekman, P.(2003). *Emotions revealed*. 이민아 역(2006). *얼굴의 심리학*, 서울: 바다출판사.

Ekman, P.(2006). Darwin and Facial Expression: A Century of Research in Review.

Ekman, P., & Davidson, R. J, (1994). The Nature of Emotion: *Fundamental questions*. New york Oxford: University Press.

Ekman, P., Davidson, R. J., & Friesen, W. V. (1990). The Duchenne Smile: Emotional expression and brain Physiology II. *Journal of Personality and Social Psychology*, 58, 342-353.

Enright, R. D. (1990). *Forgiveness: A development view*. Paper presented the meeting of the Association for Moral Education.

Enright, R. D. (1992). Interpersonal forgiveness within the helping professions: An attempt to resolve differences of opinion. Counseling and Values, 36, 84-103.

Enright, R. D. (2001), *Forgiveness is a choice: A step-by-step process for resolving anger and restoring hope*. Washington, DC: American Psychological Association.

Enright, R. D., & Coyle, C. T.(1998). Researching the process model of forgiveness within psychological interventions. In E. L. Worthington, Jr. (Ed), *Dimensions of forgiveness:Psychological research & theological perspective* (pp. 139-161). PA: Templeton Foundation Press.

Enright, R. D., Gassin, E. A., & Wu, C.(1992). Forgivingness' development view. *Journal of Moral Education*, 2, 99-114.

Erikson, E.(1950). *Childbood and sociely*. N.Y.: Norton.

Erikson, E.(1968). *Identity: Youth and crisis*. N.Y.: Norton.

Feeney, J. A. (1999). Adult romantic attachment and couple relationships. In Cassidy, J., & Shaver, P. R. (Eds.). *Handbook of attachment: Thery, research, and clinical applications* (pp. 355-377). N.Y.: Guilford.

Feldman, R. (2009). The Development of Regulatory to Infants. *Child Development*, 80, 544-561.

Fine, M. J.(1980). *Handbook on parent education*. N.Y.: Academic Press.

Flanigan, B. J.(1987). Shame and forgiveness in alcoholism. *Alcoholism Treatment Quarterly*, 4, 181-195.

Flanigan, B. J.(1992). *Forgiving the Unforgivable: Overcoming the Bitter Legacy of Intimate Wounds*, N.Y.:Macmillan.

Flanigan, B. J.(1996). *Forgiving Yourself: A Step-By-Step Guide to Making Peace with Your Mistakes and Getting on with Your Life*. N.Y.: L. A Schuster Macmillan Company.

Flanigan, B. J.(1987). Shame and forgiveness in alcoholism. *Alcoholism Treatment Quarterly*, 4, 181-195.

Folkman, S., & Lazarus, R. S. (1980). An analysis of coping in a middle-aged community sample. *Journal of Health and Social Behavior*, 21, 219-239.

Fredrickson, B. L.,(1998). What good are positive emotions? *Review of General Psychology*. 2(3), 300-319.

Frijda, N. H.(1986). *The emotions*. London: Cambridge University press.

Garnefski, N., Kraai J, V., & Spinhoven, P.(2001). Negative life events, cognitive, emotion regulation and emotional problems. *Personality and individual Difference*, 30, 1311-1327.

Garnefski, N., Teerds, J., Kraaij, V., Legerstee, J., & Kommer, T.(2004). Cognitive emotion regulation strategies and depressive symptoms: Differences between males and females. *Personality and Individual Differences, 36*, 267-276.

Gassin, E. A.(1995). *Social cognition and forgiveness in adolescents romance*: An intervention study. Unpublished doctoral dissertation, University of Wisconsin.

Goleman, D.(1995). *Emotional intelligence*. N.Y.: Bantam Books.

Gottman, J. M., & Katz, L. F.(1989). Effect of marital discord on young children's peer interaction and health. *Developmental Psychology*, 25, 403-417.

Gottman,, J. M., Katz, L. F., & Hooven, C.(1997). *Meta-Emotion: How Families Communicate Emotionally*. Mahwah, NJ: Lawrence Erlbaum Associates.

Griswold, C. L.(2007). *forgiveness: A philosophical exploration*. Cambridge: Cambridge University Press.

Gross, J. J.(2002). Emotion regulation: Affective, cognitive, and social conse-quences. *Psychophysiology, 39*, 281-291.

Gross, J. J.(2008). Emotion regulation. In M. Lewis, J. M. Haviland-Jones, & L. F. Barrett (Eds.), *Handbook of emotions*, N.Y.: Guilford.

Gross, J.J., & John, O.P.(2003). Individual differences in two emotion regulation processes: Implications for affect, relationships, and well-being. *Journal of Personality and Social Psychology*, 85, 348-362.

Gross, J. J. & John, O. P.(2007). Individual differences in two emotion regulation. In J. J. Gross (Ed.), *Handbook of emotion regulation* (pp. 351-370). N.Y.: Guilford.

Gross, J. J. & Thompson, R. A.(2007). Emotion regulation: Conceptual foundations. In J. J. Gross(Ed.), *Handbook of emotion regulation* (pp. 3-24). N.Y.: Guilford.

Gross, J. J, & Thompson, R. A. (2007). Emotion Regulation: Conceptual foundations. In J. J. Gross(Ed.), *Handbook of emotion regulation*. New York London: The Guilford Press, 1, 3024.

Gurman, A. S.(2008). The comparative study of couple therapy. In Gurman, A. s. (Ed.), *Clinical handbook of couple therapy*(4th ed., pp. 1-26). N.Y.: Guilford Press.

Hamner, T. J., & Turner, P. H.(2001). *Parenting in contemporary society*. N.Y.: Allyn & Bacon.

Hargrave, T. D.(1994). Families and forgiveness: A theoretical and therapeutic framework. *The family Journal*, 1(4).

Harman, D., & Brim, Jr. O. G.(1980). Learning to be parents: *Principles, Programs, and methbods*. Beverly Hills, CA: Sage Publications.

Hoffman, L. W.(1963). The decision to work. In: N. I. Nye & I. W., Hoffman(Eds.). *The employed mother in america*(pp. 18-30). Chicago: Rand McNally.

Hoffman, L. W.(1974). Effects of Maternal Employment on the child *Developmental Psychology*, Vol. 10, No. 2, pp. 222-235.

James, W.(1884). What is emotion? *Mind*, 9, 188-205.

Johson, S. M.(2003). Attachment theory: A guide for couple therapy. In Johnson, S. M., & Whiffen, V. E. (Eds), *Attachment processes in couple and family therapy* (pp. 103-123). New York: Guilford.

Johson, S. M.(2004). *The practice of emotionally focused couple therapy* (2nd ed). New York: Guilford.

Johson, S. M.(2008). Emotionally focused couple therapy. In Gurman, A. S. (Ed.), *Clinical handbook of couple therapy*(4th ed., pp. 107-137). New York: Guilford Press.

Kagan, J.(2007). *What is emotion?*. 노승영 역(2009). *정서란 무엇인가?*, 서울: 아카넷.

Kaiat, J. W., & Shiota, M. N. (2007). *Emotion*. 민경환 · 이옥경 · 김지현 · 김민희 · 김수안 역(2007). *정서심리학*, 서울: 시그마프레스, 390−404.

Kalat, J. W.(2004). *Biological psychology. 8th ed*. 김문수 · 문양호 · 박소현 · 박순권 역(2006). *생물심리학 제8판*, 서울: 시그마프레스.

Kokkonen, M., & Pulkkinen, L.(1999). Emotion regulation strategies in relation to personality characteristics indicating low and high self-control of emotion. *Personality and Individual Differences, 27*, 913-932.

Kopp, C. B.(1989). Regulation of distress and negative emotion: A developmental review. *Developmental Psychology*, 25, 343-354.

Lamb, M. E.(1981). *The role of the father in child development*(ed). N.Y.: John Wiley & Sons.

Lazarus, N. H,(1991). *Emotion and adaptation*. New York Oxford University Press.

Lazarus, R. S., & Folkman, S. (1984). *Stress, appraisal and coping*, N.Y.: Springer.

LeDoux, J. E.(1998). *The emotional brain*. 최준식 역(2006). *느끼는 뇌*, 서울: 학지사.

LeDoux, J. E., & Pheps, E. A.(2008). Emotional networus in the brain. Michael Lewis, Jeannette M, Haviland-Jones and Lisa Feldman. Barrett(3rd ed.), *HandBook of emotions*, New York London: The Guilford Press.

Lewis, M., & Haviland-Jones, J. M.(2008). *Handbook of emotions*,(3rd Ed.), New York London: The Guilford Press, 31, 497-512.

Loewenstein, G.(2007). Affect regulation and affective forecasting. In J. J. Gross(Ed.), *Handbook of emotion regulation*. New York London: The Guilford Press, 9, 180-203.

Lombardo, M. V., & Beer, J. S.(2007). Insights into emotion from neuropsychology. In J. J. Gross (Ed.), *Handbook of emotion regulation* (pp. 69-86). N.Y.: Guilford.

Malatesta, C. Z., Culver, C., Tesman, J. R., & Shepard, B.(1989). The development of emotion expression during the first two years of life. Monographs of the Society for Research in *Child Development*. 54(1-2, Serial N0. 219).

Mangelsdorf, S. C., Shapiro, J. R., & Marzolf, D.(1995). Developmental and temperamental differences in emotion regulation in Infancy. *Child Development*, 66, 1817-1828.

McCullough, M. E.(2008). *Beyond revenge: The evolution of the forgiveness instinct*. San Francisco: Jossey-Boss.

Mccullough, M. E., Worthington, E. L., Jr., & Rachal, K. C.(1997). Interpersonal forgiving in close relationships. *Journal of personality and social Psychology,* 73, 321-336.

McCullough, M. F., Steven, J. Sandage. & Everett, L. Worthington.(1997). *To forgive Human*.

Mcfadyen-Ketchum, S. A., Bates, J. E., Dodge, K. A., & Pettit, G. S.(1996). Patterns of change in early childhood aggressive-disruptive behavior: Gender differences in predictions from early coercive and affectionate mother-child interactions. *Child Development*, 67, 2417-2433.

Mischel, W., Shoda.,& Rodriguez, M.S.(1989). Delay of gratification in children. *Science*, 244, 933-938.

Monat, A., & Lazarus, R. S.(1966). *Psychological stress and coping process*. N.Y.: McGraw-Hill.

Montmayor, R. (1983). Parents & Adolescents in Conflict: All Families Some of the Time and Some Families Most of the Time. *Journal of Early Adolescence*, 3, 83-103.

Patton, J.(1985). *Is Human Forgiveness possible?* Nashivile, TN: Abingolon Press.

Plutchik, R.(1980). Emotion: *A Psychoevolutionary sythesis*. N.Y.: Harper & Row.

Plutchik, R.(2003). *Emotions and life: Perspectives from psychology, biology, and evolution*. 박권생 역(2004). *정서심리학*, 서울: 학지사, p. 147.

Pollitt, E., Golub, M., Gorman, K., Granthan-McGregor, S., Levitsky, D., Schurch, B., Strupp, B., & Wachs, T. (1999). A reconceptulization of the effect of undernutrition on children's biological, Psychological, and behavioral development. In K. L. Freiberg(Ed.), *Human Develment*(27th ed.), 89-103.

Rabin, A.(1965). Motivation for parenthood. *Journal of Projective Techniques*, 29, pp. 405-411.

Repacholi, B. M. (1998). Infants' use of attentional cues to identify the referent of another person's emotional expression. *Developmental Psychology*, 34, 1017-1025.

Rubin, K. H., Fein, G., & Vandenberg, B. (1983). Play. In Paul H. Mussen (Ed.), Handbook of child psychology (Vol. 4). *Socialization, personality and social development*. N.Y.: Wiley.

Shaffer, D. R.(2005). *Social and Personality Development*(5th ed.). Belmont, CA: Wadsworth Publishing.

Shaver, P. R., & Mikulincer, M.(2007). Adult attachment strategies and the regulation of emotion. *Handbook of emotions*, New York London: The Guilford Press, 22, 446-465.

Shields, A., & Cicchetti, D. (1998). Reactive aggression among maltreated children: The contributions of attention and emotion dysregulation. *Journal of Clinical Child Psychology*, 27(4), 381-395.

Smedes, L. B.(1984). *Forgive & forget: healing the hurts we don't deserve*. San Francisco.

Smedes, L. B.(1996). *Forgive and forget*. 배응준 역(2004). *용서의 기술*, 서울: 규장문화사.

Solomon, M. R.(2001). Eating as both coping and stressor in over weight control. *Journal of advanced nursing*, 36, 562-572.

Solomon, R. C.(1993). The philosophy of emotions. In M. Lewis & J. Haviland(Eds.), *The handbook of emotions*, (pp.3-15). N.Y.:Guilford.

Solomon, R. C.(1993). *The passions; Emotions and meaning of Life*. Indianapolis(u.a.). Hackett.

Stegge, R., & Terwogt, M. M(2008). Awareness and regulation of emotion in typical and atypical development. In J. J. Gross (Ed.), *Handbook of emotions*, New York London: The Guilford Press, 13, 269-286.

Stegge, R., & Terwogt, M. M(2008). Awareness and regulation of emotion in typical and atypical development. *Handbook of emotion regulation*. New York London: The Guilford Press, 13, 269-286.

Thompson, R. A. (1994). emotion regulation : A theme in search of a definition. In N. A. Fox(Ed), The development of emotion regulation. Biological and behavioral considerations(pp. 73-100). Monographs of the Society for Research in child development, 59, 2-3

Walden, T. A., & Smith, M. C.(1997). Emotion regulation. *Motivation and emotion*, 21, 7-25

Watson, D., & Tellegen, A.(1985). Toward a consensual structure of mood. *Psychological Bulletin*, 98, 219-235.

Watson, D., Clark, L. A., & Tellegen. A.(1988). Develment and validation of brief measures of positive and negative affect: The PANAS Scales. *Journal of Personality and Social Psychology*, 54, 1063-1070.

Weng, A., & Montemayor, R.(1997). *Conflict between mothers and adolescents*. Paper presented at the meeting of the society for Research in child Development, Washington, DC

Worthington, E. L.(2003). *Forgiving and reconciling*: bridges to wholeness and hope. 윤종석 역 (2006). *용서와 화해*, 서울: IVP

Worthington, E. L., Jr.(2005). *Handbook of Forgiveness*. N.Y.: Brunner-Routledge.

참고 사이트

보건복지부	www.mohw.go.kr
여성가족부	www.mogef.go.kr
통계청	www.kostat.go.kr
한국상담심리학회	www.krcpa.or.kr
한국상담학회	www.counselors.or.kr
학술연구정보서비스	www.riss.kr

찾아보기

저자 소개

조 숙

- 한남대학교 사회복지학과 졸업
- 백석대학교 상담대학원 졸업
- 한남대학교 일반대학원 박사과정 졸업

전, 샤론 어린이 선교유치원장
전 우송공업대학, 우송정보대학, 우송대학교 외래교수
전, 한남대학교 외래교수, 영동대학교 대학원 외래교수
전, 복음신학대학교 대학원 외래교수
전, 논산시 건강가정지원센터 전문 상담사
전, 대전교육청 중·고등학교 개인집단 상담사

현, 한국 상담학회 정회원
현, 한국 상담심리학회 정회원
현, 한국 교육상담학회 수퍼바이저
현, 한국 기독교 심리상담학회 수퍼바이저
현, 한국 군 사회복지학회 이사
현, 한국 마약퇴치운동본부 약물 오·남용 예방교육 강사
현, 건양대학교 외래교수
현, 위더스 원격 평생교육원 운영교수
현, 샤론 가족상담연구소장

부모교육과 정서조절

초판 1쇄 인쇄 2017년 1월 3일
초판 1쇄 발행 2017년 1월 10일

지은이 | 조 숙
펴낸이 | 김기섭
편집인 | 강보영
펴낸곳 | 창지사 www.changjisa.com
08589 서울시 금천구 가산디지털 1로 83 파트너스타워 1차 9층
전화 (02)719-2211~3
팩스 (02)701-9386
등 록 | 1977년 4월 28일 · 제1-421호

ISBN 978-89-426-0910-9 (93370)

값 16,000원

이 도서의 국립중앙도서관 출판예정도서목록(CIP)은 서지정보유통지원시스템 홈페이지(http://seoji.nl.go.kr)와 국가자료공동목록시스템(http://www.nl.go.kr/kolisnet)에서 이용하실 수 있습니다(CIP제어번호: CIP2017000546)